KB274555

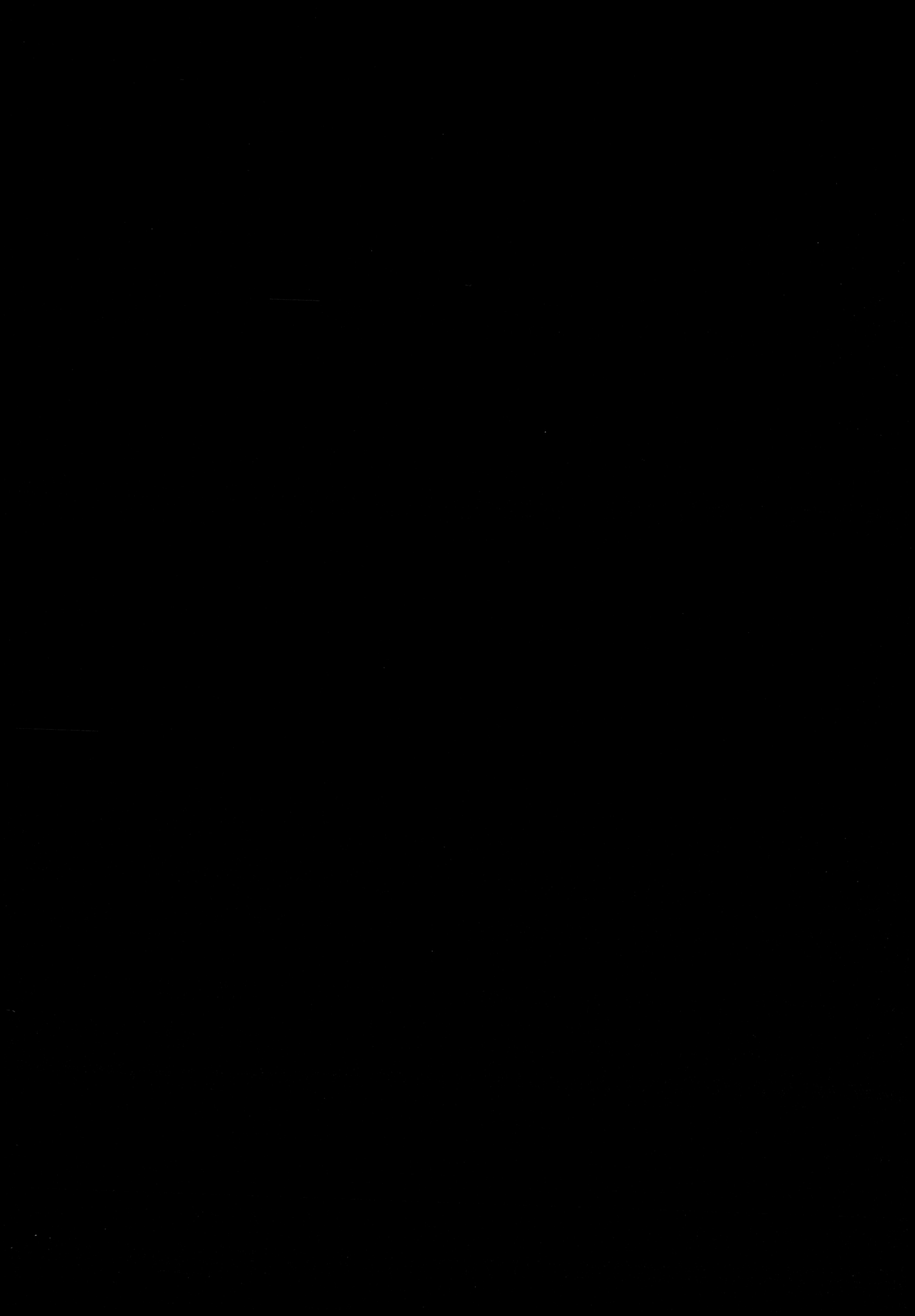

초판인쇄	2017년 11월 1일

지 은 이	조은나래
펴 낸 이	임승빈
편 집	다원기획
디 자 인	이승연
펴 낸 곳	ECK북스
	서울시 구로구 디지털로32가길 16, 401
	(구로동, 피트너스타워2차) [08303]
TEL	02-733-9950
URL	www.eckbook.com
E-mail	eck@eckedu.com
신고번호	제 25100 - 2005 - 000042호
신고일자	2000. 2. 15
ISBN	978-89-92281-61-4 (13790)
정 가	18,000원

이 도서의 국립중앙도서관 출판예정도서목록(CIP)은 서지정보유통지원시스템 홈페이지(http://seoji.nl.go.kr)와 국가자료공동목록시스템(http://www.nl.go.kr/kolisnet)에서 이용하실 수 있습니다. (CIP제어번호 : CIP2017024787)

The 바른 불가리아어 첫걸음

저자 ㅣ 조은나래

머리말

한국인에게 불가리아는 "장미의 나라, 요구르트의 나라, 장수의 나라" 정도로만 알려져 있습니다. 하지만 이 세 요소만으로 불가리아라는 나라를 설명하기에는 부족함이 많습니다. 불가리아는 과거 트라키아 문화, 고대 로마 문화, 비잔틴 문화 등 다양한 문화와 역사 유적이 고스란히 간직된 나라이자, 동서남북 어디를 가나 감탄을 자아내는 자연경관을 비롯해 유럽에서 손에 꼽을 정도로 저렴한 물가와 장수의 나라라는 타이틀에 걸맞은 건강식과 다채로운 음식으로 전 세계 관광객들의 마음을 사로잡는 매력적인 나라입니다.

또한, 불가리아는 알고 보면 한국과 유사한 점이 참 많은 나라입니다. 한국과 마찬가지로 뚜렷한 사계절을 바탕으로 여름에는 흑해 유역 휴양지가, 겨울에는 국토 40%가량을 차지하는 산림과 많은 강설량을 통해 동계 스포츠가 발달해 있습니다. 유독 여름과 겨울의 휴가 시즌에 외국인 관광객이 많은 이유가 바로 이 때문입니다. 그뿐만 아니라 불가리아는 무려 5세기 동안 오스만튀르크 제국으로부터 지배를 받아 우리와 같은 아픔을 지닌 나라입니다. 이러한 역사와 오스만튀르크(현 터키)와의 인접성은 불가리아인의 민족 구성과 그들의 종교에 영향을 주었습니다. 본연의 민족인 슬라브족과 달리 검은 머리에 갈색 눈을 지닌 불가리아인들이 상당수며, 수도 소피아 중심가에는 이슬람 사원이, 불가리아 남부 지역에서는 불가리아어가 아닌 터키어로 대화하는 모습을 쉽게 발견할 수 있습니다. 마지막으로 불가리아는 한국판 세종대왕이라고 할 수 있는 끼릴과 메토디 형제가 창제한 자국의 문자(글라골리짜, 현 끼릴리짜)를 지닌 나라입니다.

모라비아 공국(현 체코)의 로스티슬라프 황제는 종교 활동의 목적으로 슬라브어로 된 예배 서적을 편찬해 주기를 요청했습니다. 이러한 미션의 적임자로 그리스 솔룬(현 테살로니키) 지역에 살던 끼릴과 메토디 형제가 선정되었고, 이들은 미션을 부여받음과 동시에 문자를 척척 만들어내기 시작했습니다. 문자를 창제하면서 그들이 기반으로 삼았던 방언(구어)이 바로 불가리아 방언(говор на българските славяни 불가리아 슬라브인들의 구어)이며, 이를 통해 탄생한 문자가 바로 끼릴리짜의 모체라고 할 수 있는 "글라골리짜"입니다. 끼릴과 메토디 형제의 사후, 그들의 제자들이 수정을 거쳐 만들어낸 문자가 바로 현재 동유럽 국가들(러시아, 우크라이나, 세르비아, 불가리아 등), 중앙아시아 국가들(아제르바이잔, 조지아 일부 지역, 몽골 등)과 같이 세계 여러 나라에서 쓰이고 있는 "끼릴리짜"입니다. 불가리아인들은 세계적인 문자인 "끼릴리짜"가 불가리아로부터 시작되었다는 점에 굉장한 자부심을 가지고 있으며, 이러한 감정은 본 교재로 불가리아어를 학습하게 될 학습자분들의 마음속에도 피어나게 될 것입니다.

본 교재에서 가장 중점적으로 다룬 부분은 "문법"입니다. 문법에 대한 치중은 저자의 언어학습 방식 혹은 철학을 대변합니다. 언어를 구사하고 올바르게 사용함에 있어서 언어의 규칙이라고 할 수 있는 문법을 정확히 익히는 것은 가장 기본적이며, 중요한 첫걸음입니다. 교재 상으로는 문법 파트가 매 과의 중간 부분에 위치해 있지만, 동영상 강의에서 문법을 1순위로 가장 먼저 설명하는 것도 바로 이 때문입니다.

본 교재의 앞 부분에는 저자가 처음 불가리아어를 공부할 때 느꼈던 불편함과 어려움을 최대한 해소하고자 '마음의 준비 시간'을 갖을 수 있도록 '불가리아어의 문자, 언어' 파트가 추가되어 있습니다. 이처럼 본 교재의 처음부터 끝까지 저자와 학습자의 관계가 아닌 불가리아어를 사랑하는 똑같은 학습자의 입장에서 흥미로운 주제와 재미있는 내용을 바탕으로 쉽게 풀어쓰려 노력하였습니다. 혹여나 어려운 단어, 외우기 싫은 문장이 나오더라도 포기하지 않고 사전을 찾아가며, '일단 통째로 외우고 보자!'라는 열정을 발휘해 주셨으면 합니다.

불가리아어는 특수어 중에서도 특수어입니다. 불가리아어가 갖는 희귀성은 학습자 분들이 얼마만큼의 시간과 노력을 투자하느냐에 따라 독이 될 수도, 약이 될 수도 있습니다. 한 가지 확신하는 것은 학습자분들께서 보여주실 거라 믿어 의심치 않는 그 열정은 불가리아어를 학습하면 할수록 빛을 발할 것이며, 훗날 두 배, 세 배가 되어 학습자분들의 발전을 가속화 시킬 것입니다.

끝으로 교재 출판의 기회를 주신 ECK교육 임승빈 대표님께 감사의 말씀을 전합니다. 아울러 교재 편집에 힘써주신 나원기획 이승연 실장님과 동영상 촬영에 도움주신 양진우 과장님, 김경화 대리님, 김민주 매니저님께도 감사의 말씀 드립니다. 교재 집필에 가장 큰 도움을 준 Margarita Telalim, Ralitsa Marinova와 MP3 녹음 요청에 한달음에 달려와 준 Todor Merdjanov, Delieva Daniela에게도 감사 인사를 전합니다. 불가리아학과 발전을 위해 항상 노력하시는 김원회 교수님을 비롯하여 학과의 모든 교·강사 선생님들께 교재 집필의 영광을 돌립니다.
마지막으로 삶의 안식처와 같은 사랑하는 가족들, 조용하, 조용우, 그리고 이원권님에게도 진심 어린 감사의 마음을 전합니다.

저자 조은나래

이 책의 **구성과 특징**

불가리아어를 처음 접하는 학습자들이 최대한 쉽고 효율적으로 다가갈 수 있도록 학습 순서를 준비했습니다. 각 과는 순차적으로 학습할 수 있도록 크게 6개 코너로 구성되었으며, 교재를 따라서 꾸준한 학습을 통해 불가리아어의 기초 단계를 마스터해 보세요.

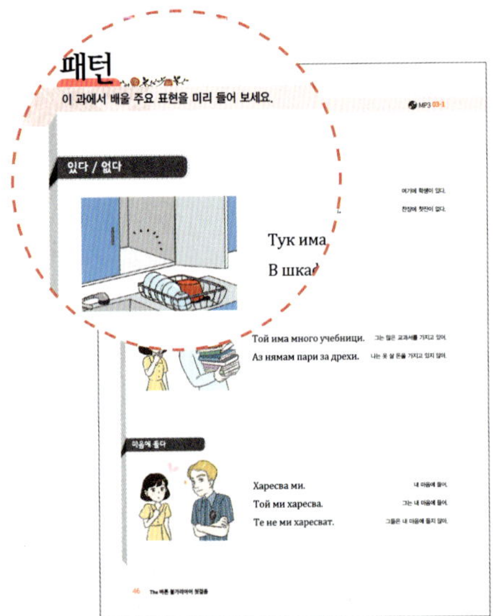

1. 패턴

각 과에서 새로 배울 주요 표현 및 문법 사항을 미리 들어보는 코너입니다. 딱딱한 문법 등을 문자로 학습하기 전에 원어민 발음을 반복해서 듣고 따라 하면서 소리에 익숙해지는 단계입니다.

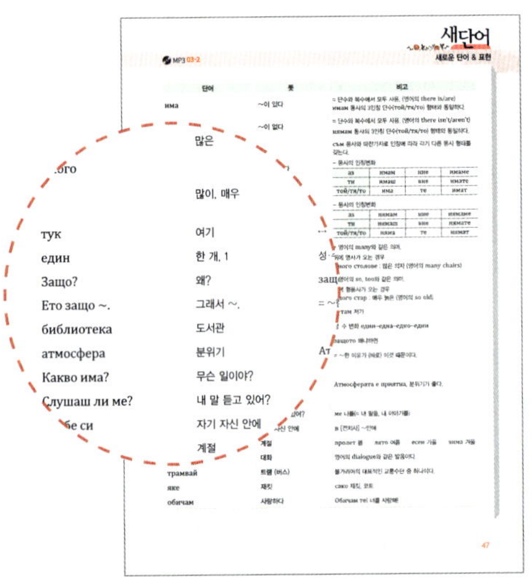

2. 새 단어

새로 나오는 단어와 표현을 풀이한 코너입니다. 뜻풀이 외에 기타 참고 사항들도 함께 수록되어 있어 단순 암기가 아닌 이해를 도와줄 수 있도록 정리했습니다.

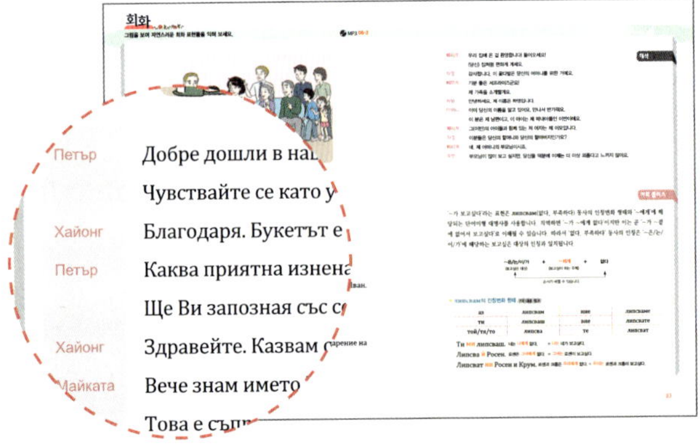

3-1. 회화

본문 회화문 코너입니다. 녹음을 들으면서 대화문과 해석을 함께 볼 수 있습니다. 상황에 따른 다양한 생활회화로 자연스러운 불가리아어를 구사할 수 있도록 쉽고 간결한 문장들로 만들었습니다.

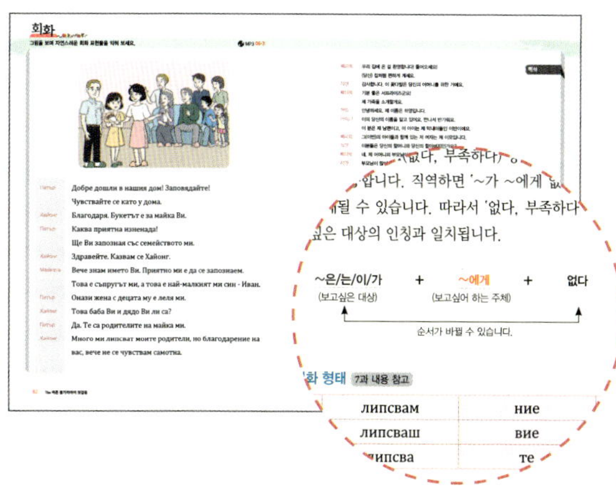

3-2. 어휘 플러스

각 과에서 다루는 문법, 단어에 대해 추가적으로 설명
하거나 조금 더 심화된 어휘들을 담았습니다.

4. 문법

본문 속에 나오는 주요 문법 사항과 함께 기타 중요한
학습 내용을 자세히 정리했습니다. 확실하게 이해할
수 있도록 가능한 한 많은 예문을 제시했습니다.

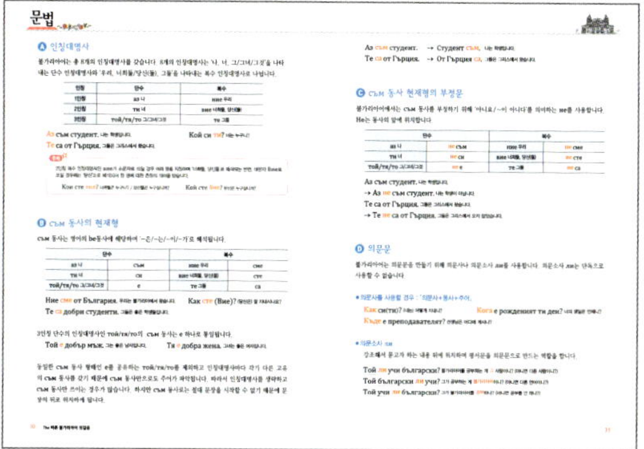

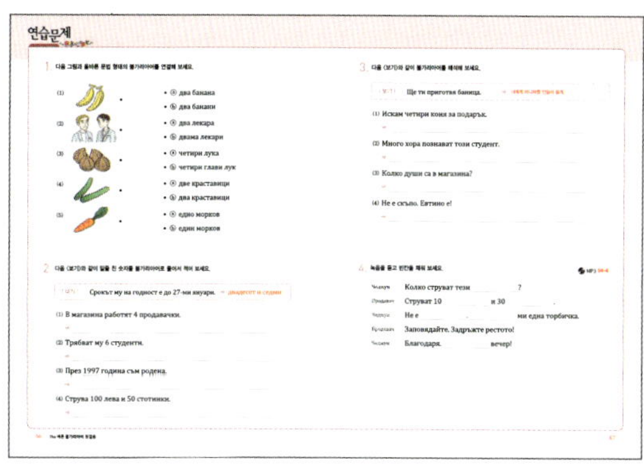

5. 연습문제

학습자가 직접 문제를 풀면서 복습하는 코너입니다.
듣기, 쓰기, 문법, 말하기 등 영역별로 문제를 접할 수
있도록 구성했습니다.

6. 불가리아 탐방기

불가리아의 역사, 문화와 같은 전반적인 지식뿐만
아니라 불가리아인들이 살아가는 삶의 방식에 대해
소개합니다.

Contents

불가리아어의 문자, 언어 ······ 011

УРОК 01 **Здравейте!**
안녕하세요! ······ 025
· 인칭대명사 · **съм** 동사의 현재형 · **съм** 동사 현재형의 부정문 · 의문문

УРОК 02 **Аз съм кореец/корейка.**
저는 한국남자/한국여자입니다. ······ 035
· 명사의 성(род) 구분 · 형용사의 성(род) 구분

УРОК 03 **Тук има много студенти.**
여기 학생이 많네요. ······ 045
· 명사의 복수형 · 형용사의 복수형

УРОК 04 **Трябват ни три домата.**
우리에게 토마토 3개가 필요해. ······ 055
· 수사 익히기 · 남성 가산 복수형태 · 날짜 표현 방법 익히기

УРОК 05 **Живея в малката стая.**
저는 작은 방에 살고 있어요. ······ 069
· 명사의 관사 · 형용사의 관사 · 형용사의 비교급과 최상급

УРОК 06 **Това е моето семейство!**
나의 가족이야! ······ 079
· 소유격 대명사 · 소유격 대명사를 이용한 가족 관계 표현법 · 지시대명사

УРОК 07 **Те не ми позволяват да пътувам в чужбина.**
그들은 제가 해외로 여행가는 것을 허락하지 않아요. ······ 091
· 동사의 식(спрежение)에 따른 구분 · 동사의 인칭 변화

УРОК 08 **Какво правите в почивните дни?**
쉬는 날 뭐 하세요? ······ 101
· 불완료상 동사 · 완료상 동사

УРОК 09 Аз си купувам нови панталони.

난 새 바지를 사고 있어. ································· 113

• 목적격 대명사 • 수여격 대명사 • 재귀대명사 (1)

УРОК 10 Трябва да се качим на автобус №70.

70번 버스를 타야 해. ································· 125

• 재귀대명사 (2) • 부정 대명사와 부정 대명사 • 이중부정

УРОК 11 Боли ме гърлото. Не ми се пие нищо.

목이 아파. 아무 것도 마시고 싶지 않아. ··············· 137

• 무인칭동사

УРОК 12 Взех изпита по математика.

수학 시험을 통과했어요. ································· 147

• 미래시제 • 과거시제

УРОК 13 Не казвай на никого!

아무에게도 말하지마! ································· 159

• 명령형 • да의 용법

УРОК 14 Бил ли си там?

거기에 가본 적 있어? ································· 171

• 현재완료 • 관계대명사

УРОК 15 Утре ще се върна в Корея!

내일 한국으로 돌아갈 거야! ································· 185

• 전치사 • 접속사

부록

연습문제 정답 & 듣기 Script ································· 197

기초 단어 ································· 209

등장 인물 소개

Чеджун 재준

김재준. 한국에서 불가리아학을 전공하는 대학생이다. 불가리아어에 대한 열정과 성실함을 인정받아 불가리아 최고의 대학인 소피아 대학교 교환학생으로 선발되었다. 장난기 가득한 겉모습과 다르게 한국과 불가리아와의 관계에서 꼭 필요한 인재로 성장하고자 하는 당찬 포부를 지니고 있다. 공부뿐만 아니라 교우관계도 중시하여 방과 후에는 주로 원어민 친구들과 함께 시간을 보낸다.

Хайонг 하영

이하영. 재준이의 학과 후배이다. 두 학기 동안 소피아 대학교 경제학부 수업에 참여할 수 있는 교류 프로그램을 통해 불가리아에서 생활하고 있다. 어딜 가든 똑부러지는 성격과 예의 바른 언행으로 주목받는다. 모범생 스타일이라 실생활 언어에는 비교적 약하지만, 불가리아인들은 전형적인 교과서식 표현을 사용하는 하영이를 귀여워한다. 불가리아에서뿐만 아니라 한국에서도 불가리아어 학습을 하루도 거르지 않는 전형적인 노력파이다.

Ралица 랄리짜

랄리짜 마리노바(Ралица Маринова, 애칭 Рали). 소피아 대학교에서 경제학을 전공하고 있는 석사생이다. 해외 교류 프로그램 조교로도 근무 중이다. 외국 학생들이 겪는 어려움에 솔선수범하여 도움을 주는 배려심 많은 친구이다. 요리하는 것을 좋아하고, 또 소질도 있어서 가끔씩 친구들을 초대해 음식을 대접하기도 한다. 아름다운 외모 덕분에 남자들의 데이트 신청이 끊이지 않지만, 연애보다 개인의 발전을 더 중요시하는 커리어우먼이다.

Петър 뻬떠르

뻬떠르 믈라데노프(Петър Младенов, 애칭 Пепи). 영국과 불가리아 혼혈인이다. 직업은 영어 선생님이며, 지적이고 자상한 성격 덕분에 학생들의 인기를 한 몸에 받고 있다. 교실에서 느껴지는 한류 열풍에 감탄하던 찰나에 하영이를 만나 한국의 문화와 음식을 처음으로 접하게 된다. 불고기의 맛을 잊지 못해 한국 맛집 기행을 계획할 만큼 음식 앞에서는 한없이 진지한 반전 매력의 소유자이다.

불가리아어의 문자, 언어

• 불가리아어 알파벳
• 불가리아어를 읽을 때 주의할 규칙
• 한국인에게 생소한 개념
• 불가리아어의 특징

 MP3 00-1

불가리아어 알파벳은 8개의 모음과 20개의 자음, 2개의 반모음으로 구성됩니다.

■ 알파벳

알파벳	음성 기호	발음	모음/자음	알파벳	음성 기호	발음	모음/자음
А а	[a]	아	모음	П п	[p]	프, 쁘	자음
Б б	[b]	브	자음	Р р	[r]	르	자음
В в	[v]	브	자음	С с	[s]	스, 쓰	자음
Г г	[g]	그	자음	Т т	[t]	트, 뜨	자음
Д д	[d]	드	자음	У у	[u]	우	모음
Е е	[e]	에	모음	Ф ф	[f]	프	자음
Ж ж	[dz], [ʒ]	쥬	자음	Х х	[x]	흐	자음
З з	[z]	즈	자음	Ц ц	[ts]	쯔	자음
И и	[i]	이	모음	Ч ч	[tch]	츄	자음
Й й	[j]	*이 끄라트꼬	반모음	Ш ш	[sh]	슈	자음
К к	[k]	크	자음	Щ щ	[sht]	슈뜨	자음
Л л	[l]	르	자음	Ъ ъ	[ɤ]	*에르 골럄	모음
М м	[m]	므	자음	Ь ь	[j]	*에르 말륵	반모음
Н н	[n]	느	자음	Ю ю	[ju]	유	모음
О о	[o]	오	모음	Я я	[ja]	야	모음

*Й й, Ъ ъ, Ь ь에 대한 자세한 설명은 p.13와 p.15를 참조하세요.

■ 모음(8개)  MP3 **00-2**

Аа	한국어의 [아]와 발음이 같습니다. **а**збук**а** 알파벳　　　**а**з 나　　　**А**мерик**а** 미국
Ее	한국어의 [에]와 발음이 같습니다. момч**е** 소년　　　**е**з**е**ро 호수　　　**е**л**е**н 사슴
Ии	한국어의 [이]와 발음이 같습니다. **и**ме 이름　　　пр**и**ятел 친구　　　корейск**и** ез**и**к 한국어
Оо	한국어의 [오]와 발음이 같습니다. **о**пера 오페라　　　легл**о** 침대　　　пр**о**з**о**рец 창문
Уу	한국어의 [우]와 발음이 같습니다. **у**лица 거리　　　Кр**у**м 크룸(인명)　　　**у**смивка 미소
Ъъ	* 정식 명칭 : ер-голям [에르-골럄] 큰 에르 [으]와 [어]의 중간 발음입니다. [으어]를 빠르게 읽으면 원어와 가장 가깝게 발음할 수 있습니다. **Б**ългария 불가리아　　　**ъ**гъл 모퉁이, 코너
Юю	한국어의 [유]와 발음이 같습니다. **Ю**жна Корея 남한　　　**ю**тия 다리미　　　л**ю**бов 사랑
Яя	한국어의 [야]와 발음이 같습니다. **я**бълка 사과　　　**Я**пония 일본　　　с**я**нка 그늘

■ 자음(20개)  MP3 **00-3**

Бб	영어의 [b]와 발음이 같습니다. **б**аня (씻는) 화장실, 욕실　　　**б**анан 바나나　　　**б**алон 풍선
Вв	영어의 [v]와 발음이 같습니다. **В**арна 바르나(불가리아 도시)　　　**в**олейбол 배구　　　**в**егетарианец 채식주의자
Гг	한국어의 [ㄱ]과 발음이 같습니다. **г**рад 도시　　　**г**адже 애인　　　**г**алерия 갤러리
Дд	한국어의 [ㄷ]과 발음이 같습니다. **д**ъга 무지개　　　**д**а 네(yes)　　　**д**ърво 나무
Жж	영어의 [dz]와 같고, 한국어의 [쥬]와 비슷합니다. **ж**аба 개구리　　　**ж**елязо 철(iron)　　　**ж**ена 여자

З з	영어의 [z]와 발음이 같습니다.		
	закуска 아침 식사	**з**драве 건강	**з**ъб 이빨, 치아
К к	한국어의 [ㅋ]과 발음이 같습니다.		
	коса 머리카락	**к**омар 모기	**к**ула 타워, 탑
Л л	영어의 [l]과 발음이 같습니다.		
	лед 얼음	**л**екар 의사	мас**л**о 버터
М м	한국어의 [ㅁ]과 발음이 같습니다.		
	месец 달, 월	**м**айка 어머니	**м**еню 메뉴
Н н	한국어의 [ㄴ]과 발음이 같습니다.		
	не 아니오 (no)	**н**ие 우리	**н**ула 0 (zero)
П п	한국어의 [ㅍ, ㅃ]과 발음이 같습니다.		
	парк 공원	**п**азар 시장	**п**лаж 해변
Р р	영어의 [r]과 발음이 비슷하지만 불가리아어에서는 혀가 강하게 떨립니다. [r] 앞에 [으]라는 소리를 첨가하여 빠르게 읽으면 원어와 가장 비슷하게 발음할 수 있습니다.		
	рак 게	**р**абота 일	**р**оман 소설
С с	한국어의 [ㅅ, ㅆ]과 발음이 같습니다.		
	София 소피아	ре**с**то 거스름돈	**с**пи**с**ък 목록
Т т	한국어의 [ㅌ, ㄸ]과 발음이 같습니다.		
	тревога 걱정	фу**т**бол 축구	хар**т**ия 종이
Ф ф	영어의 [f]와 발음이 같습니다.		
	филм 영화	**ф**отоапарат 카메라	**Ф**ранция 프랑스
Х х	한국어의 [ㅎ]과 발음이 같습니다.		
	хълм 언덕	**х**ляб 빵	**х**отел 호텔
Ц ц	영어의 [ts]와 같고, 한국어의 [ㅉ]와 발음이 비슷합니다.		
	цигара 담배	**ц**игулка 바이올린	**ц**ена 가격
Ч ч	영어의 [tch]와 같고, 한국어의 [츄]와 발음이 비슷합니다.		
	чадър 우산	**ч**етвъртък 목요일	**ч**и**ч**о 삼촌
Ш ш	영어의 [sh]와 같고, 한국어의 [슈]와 발음이 비슷합니다.		
	шоколад 초콜릿	**ш**ал 스카프	**ш**офьорска книжка 운전면허증
Щ щ	영어의 [sht]와 같고, 한국어의 [슈뜨]와 발음이 비슷합니다.		
	щъркел 황새	**щ**е 미래시제 조동사 (will)	лети**щ**е 공항

■ 반모음(2개)

Й й	* 정식 명칭 : **й кратко** [이 끄라트꼬] 비슷하게 생긴 **и**와 다르게 모음으로 분류될 수 없습니다. 하지만 **и**와 발음 상의 차이는 없습니다. 일부 단어에서 [이]로 발음되어 사용되는 것 외에, 모음 앞에 붙어 모음을 연모음(아→야, 오→요, 에→예 등)으로 만드는 역할을 합니다. **ча й** 차(tea)	**англи й ски език** 영어	**тъ й като** 왜냐하면 **й ога** 요가	**Й емен** 예맨	**й одел** 요들(송)
ь ь	* 정식 명칭 : **ер-малък** [에르-말륵] 작은 에르 굳이 발음을 정의하자면 [이]에 가깝습니다. 반모음 **й**와 역할이 비슷하지만 **ь**는 모음 **о**랑만 사용됩니다. 즉, **ь**는 모음 **о** 앞에 붙어 연모음 (오 → 요)으로 만드는 역할을 합니다. **Фриз ь орски салон** 미용실	**с ь омга** 연어	**акт ь ор** 연기자

※ 자음을 읽는 방법 ※

1. 자음에 '[으]와 [어]의 중간발음'인 **ъ**를 첨가하여 **бъ, въ, гъ, дъ, … пъ, ръ, съ, тъ, фъ, хъ** …로 읽습니다.

2. 축약어에서 사용된 자음이나 이니셜을 읽는 경우, 자음에(**ъ**가 아닌) 모음 **е** 또는 **а**를 첨가하여 읽습니다.

Ж.К. (Жилищен Комплекс '주택가'의 축약어)

→ **Ж е.К а** [줴까]

ОББ (Обенинена Българска Банка '통합 불가리아 은행(불가리아의 은행 중 하나)'의 축약어)

→ **О Б е Б е** [오베베]

МВР (Министерство на Вътрешните Работи '내무부'의 축약어)

→ **М е В е Р е** [메베레]

МВнР (Министерство на Външните Работи '외무부'의 축약어)

→ **М е В е н е Р е** [메베네레]

Ⓑ 불가리아어를 읽을 때 주의할 규칙

※ 무성음화

불가리아어는 영어와 다르게 글자를 있는 그대로 읽기 때문에 알파벳만 숙지하면 대부분의 단어를 쉽게 읽을 수 있습니다.

- house를 영어의 방식으로 읽으면 [하우스], 불가리아어의 방식으로 읽으면 있는 그대로 [호우세]
- работа　　　[ㄹ, ㅏ, ㅂ, ㅗ, ㄸ, ㅏ　　　→ 라보따]　　일
- ваканция　[ㅂ, ㅏ, ㅋ, ㅏ, ㄴ, ㅉ, ㅣ, ㅑ → 바칸찌야]　　방학
- чувство　　[ㅊ, ㅜ, ㅂ, ㅅ, ㅌ, ㅂ, ㅗ　　→ 추브스트보]　　감정

● 불가리아어의 모음

강세를 받는 모음은 자신의 음가(소리)를 100% 낼 수 있지만, 강세를 받지 않는 모음은 그 음가(소리)가 약화되어 완전한 소리를 낼 수 없습니다.

강세를 받지 않는 모음의 약화가 특정규칙에 따라 강하게 일어나는 러시아어(/a/→[어], [이]로 발음, /o/→[아]로 발음 등)에 비해 강세의 개념이 비교적 뚜렷하지 않은 불가리아어에서는 강세의 유/무에 관계 없이 모음은 있는 그대로 읽어도 무방합니다.

● 불가리아어의 자음

불가리아어의 자음은 무성음화라는 법칙 때문에 원래의 음가(소리)와 다르게 발음되기도 합니다.

유성음	무성음
발음할 때 입안에서 떨림이 있는 소리	발음할 때 입안에서 떨림이 없는 소리 (침 튀기는 날카로운 소리)

무성음화 : 유성음이 자신과 대응되는 무성음으로 변하는 현상

유성음	б	в	г	д	ж	з	...
무성음	п	ф	к	т	ш	с	х

[무성음화가 일어나는 경우]

① 단어의 맨 마지막 글자에 유성음이 오는 경우

② 자음 두 개가 유성음－무성음 순으로 연달아 오는 경우

1. 단어의 맨 마지막 글자에 유성음이 오는 경우

хлю**б**	빵	[흘랴b] → [흘랴p]
моли**в**	연필	[몰리v] → [몰리f]
сня**г**	눈	[스냐g] → [스냐k]
гла**д**	배고픔	[글라d] → [글라t]

2. 자음 두 개가 유성음–무성음 순으로 연달아 오는 경우

유성음–무성음의 자음결합에서 뒤에 오는 무성음으로 인해 앞에 오는 유성음이 무성음으로 바뀝니다. 뒤에서 앞으로 영향을 주기 때문에 무성음화는 역행동화로 분류됩니다.

из**п**ратя	보내다	[이즈쁘라따] → [이스쁘라따]
усми**вк**а	미소	[우스미v까] → [우스미f까]
всичко	전부, 모든 것	[v씨츠코] → [f씨츠코]

2번의 경우는 단어 내 자음결합 뿐만 아니라 띄어 쓴 경우에도 적용됩니다

| в **х**ола | 거실에서 | [v 홀라] → [f 홀라] |
| в **п**арка | 공원에서 | [v 빠르카] → [f 빠르카] |

ⓒ 한국인에게 생소한 개념

※ 성(род)

불가리아어의 모든 단어는 '남성·여성·중성'이라는 세 가지 성(род) 중 반드시 하나의 성을 갖습니다.

● 성(род) 구분 방법 : 단어가 어떤 알파벳으로 끝나는지에 따라 구분

  ① 남성 : 자음이나 й로 끝나는 단어들
  ② 여성 : a나 я로 끝나는 단어들
  ③ 중성 : o나 e나 ие로 끝나는 단어들

사람의 경우는 자연성에 따라 단어의 성이 비교적 쉽게 구분되기도 합니다.

| студен**т** 남학생 | ба**ща** 아버지 | дяд**о** 할아버지 | → 남성 |
| студентк**а** 여학생 | майк**а** 어머니 | баб**а** 할머니 | → 여성 |

사물은 자연성이 없기 때문에 마지막 알파벳으로만 성을 파악할 수 있습니다.

гра**д** 도시	мар**т** 3월	хля**б** 빵	→ 남성
чант**а** 가방	ста**я** 방	химикалк**а** 펜	→ 여성
легл**о** 침대	мор**е** 바다	списани**е** 잡지	→ 중성

명사 뿐만 아니라 불가리아어는 형용사, (일부)의문사, 관사도 세 가지 성을 갖습니다.
마찬가지로 단어가 어떤 알파벳으로 끝나는지에 따라 성이 파악됩니다.

[남성-여성-중성 순서]

　　① 형용사　голя**м**-голям**а**-голям**о**　　큰

　　② 의문사　какъ**в**-какв**а**-какв**о**　　무엇, 어떤 종류의

　　　　　　　ко**й**-ко**я**-ко**е**　　누구

　　　　　　　чи**й**-чи**я**-чи**е**　　누구의

[관사]　　　　　남성 명사의 관사 주격 -**ът**, -**ят**

　　　　　　　　여성 명사의 관사 -**та**

　　　　　　　　중성 명사의 관사 -**то**

형용사, 의문사, 관사가 명사와 결합할 때에는 항상 성을 일치시켜야 합니다.

　　① 큰 빵　　　　　　голя**м** хля**б**　　　　　　(형용사 남성, 명사 남성 사용)

　　　큰 가방　　　　　голям**а** чант**а**　　　　(형용사 여성, 명사 여성 사용)

　　② 어떤 방을 원하세요?　Какв**а** ста**я** искате?　(의문사 여성, 명사 여성 사용)

　　　이건 누구의 침대인가요?　Чи**е** легл**о** е това?　(의문사 중성, 명사 중성 사용)

　　③ 그 도시는 크다.　　Град**ът** е голям.　(명사 남성, 관사 남성 사용)

　　　그 선생님은 빵을 좋아한다.　Преподавател**ят** обича хляб.　(명사 남성, 관사 남성 사용)

※ 인칭(лице)

불가리아어에는 총 8개의 인칭이 있습니다.

1인칭 단수	аз 나	1인칭 복수	ние 우리
2인칭 단수	ти 너	2인칭 복수	вие 너희들, 당신(들)
3인칭 단수	той/тя/то 그/그녀/그것	3인칭 복수	те 그들

모든 인칭에서 동일한 동사형태가 쓰이는 한국어(나는 가다, 너는 가다, 우리는 가다)나 두 개의 동사형태(I go, she goes)를 갖는 영어와 다르게 불가리아어는 인칭마다 다른 동사형태를 갖습니다.

주의! 동사 기본형은 1인칭 단수인 **аз**의 동사형태입니다.

(1) съм 동사 : –은/–는/–이/–가

인칭	동사형태	인칭	동사형태
аз 나	съм	ние 우리	сме
ти 너	си	вие 너희들, 당신(들)	сте
той/тя/то 그/그녀/그것	е	те 그들	са

(2) 일반동사 : 가다

인칭	동사형태	인칭	동사형태
аз 나	отивам	ние 우리	отиваме
ти 너	отиваш	вие 너희들, 당신(들)	отивате
той/тя/то 그/그녀/그것	отива	те 그들	отиват

불가리아어의 모든 동사는 인칭에 따라 각기 다른 동사형태를 갖습니다. 하지만 정해진 인칭변화 어미와 방법 7과 내용 참고 이 있기 때문에 여러 번 반복하다보면 생소한 동사도 쉽게 인칭변화 시킬 수 있습니다.

(3) 일반동사 : 읽다

인칭	동사형태	인칭	동사형태
аз 나	чета	ние 우리	четем
ти 너	четеш	вие 너희들, 당신(들)	четете
той/тя/то 그/그녀/그것	чете	те 그들	четат

인칭에 따라 각기 다른 동사형태를 갖기 때문에 동사만 보고도 주어를 파악할 수 있습니다.

Какво четеш?

→ 이 문장은 「의문사+동사」로만 구성되어 있음에도 불구하고 '너는 무엇을 읽고 있니?'로 이해될 수 있습니다.

주의! 주어가 제시되거나 문맥을 통해 주어를 파악해야 하는 경우도 있습니다.

① 동일한 동사형태를 공유하는 3인칭 단수(**той/тя/то**)
② 여러 명(너희들, 당신들), 또는 한 명에 대한 존대(당신)를 의미하는 2인칭 복수(**вие**)

Къде отива?

→ 주어가 3인칭 단수인 건 파악되지만, '그가 가는지, 그녀가 가는지, 그것이 가는지'는 파악할 수 없습니다.

Къде отивате?

→ 주어가 2인칭 복수인 건 파악되지만, '어린 아이들 여러명이 가는지, 한 명의 어르신이 가는지'는 파악할 수 없습니다.

※ 동사의 상(вид на глагола)

불가리아어에는 불완료상과 완료상이라는 두 가지 상(вид)이 있습니다. 동사의 행위가 어떤 양상으로 실행되었는지 구분하는 것이 바로 이 상의 역할이며, 대부분의 불가리아어 동사들은 불완료상과 완료상의 쌍을 갖습니다.

물완료상	완료상
여러 번 반복되거나 지속되는 행위	한번 일어난 행위
отивам 가다 (여러 번 가거나 계속 감)	**отида** 가다 (한번 감)
събуждам се 일어나다 (여러 번 일어남)	**събудя се** 일어나다 (한번 일어남)

[불완료상 사용] **От утре ще _се събуждам_ рано.** 내일부터 일찍 일어날 거야. (= 내일부터 쭉 매일 아침마다)
[완료상 사용] **Утре ще _се събудя_ рано.** 내일 일찍 일어날 거야. (= 내일 딱 한 번만)

행위의 양상(여러 번, 지속 **vs** 한번)의 차이 뿐만 아니라 문법적으로도 그 사용이 구분됩니다.

⑴ 불완료상 : 현재시제에서는 불완료상만 사용 가능

Къде отиваш? (너) 어디가?

Отивам до тоалетната. (나는) 화장실에 가(고 있어).

⑵ 완료상 : 주로 조동사와 함께, 또는 to부정사 구문에서 사용

Утре ще отида до библиотеката. 내일 도서관에 갈 거야. (= 내일 도서관에 한 번 갈거야.)

Искам да отида някъде с теб. 너와 함께 어디론가 가고 싶어. (= 너와 함께 어디론가 한 번 가고 싶어.)

주의! 도서관에 여러 번 간다고 말할 때에는 조동사 뒤에 불완료상도 사용 가능합니다.

Всеке ден ще отивам до библитеката. 매일 도서관에 갈 거야.

D 불가리아어의 특징

※ 격 상실

같은 어족인 다른 슬라브어들(러시아어, 폴란드어, 체코어 등)과 다르게 불가리아어는 더 이상 격을 사용하지 않습니다(고대 불가리아어에서는 격 사용). 현대 불가리아어는 다른 현대 슬라브어들처럼 명사의 어미 부분을 변화시키며 격을 표현하던 옛 방식에서 벗어나 여러 가지 전치사를 첨가하여 다양한 격의 의미를 선날합니다.

	현대 러시아어 (격 유지) (현대 러시아어 격 변화의 일부)		현대 불가리아어 (격 상실)	
[주격]	명사	명사는	명사	명사는
[소유격]	명사a	명사의	на 명사	명사의
[수여격]	명사y	명사에게	на 명사	명사에게
[도구격]	명사ом	명사와 함께	c 명사	명사와 함께
	⋮			

격 변화 형태를 전치사 형태로 대체한 현대 불가리아어에는 단 하나의 격인 호격(누군가를 부를 때 쓰는 격)이 남아있습니다.

● 호격의 유지

대표적인 호격 어미 o 또는 e를 첨가함으로써 '~아!, ~야!'를 표현할 수 있습니다.

Росен : 로센 → Росенe! 로센아!

майка : 엄마 → майкo! 엄마!

син　　 : 아들 → синe! 아들아!

영어의 Mr. / Mrs. / Ms.는 불가리아어에서 다음과 같이 특별한 형태를 갖습니다.

남성(Mr.)을 부를 때	: Господинe!	아저씨!
여성(Mrs.)을 부를 때	: Госпожo!	아주머니!
여성(Ms.)을 부를 때	: Госпожицe!	아가씨!

「Mr. / Mrs. / Ms. + 성(이름)!」을 부를 때와 「Mr. / Mrs. / Ms. + 성(이름)」이 문장 안에서 사용될 때는 어미가 달라집니다.

이름을 넣어 부를 때	문장 안에서 쓰일 때 (축약형)
Господин 성(이름)!	господин (г-н) 성(이름)
Госпожo 성(이름)!	госпожа (г-жа) 성(이름)
Госпожицe 성(이름)!	госпожица (г-ца) 성(이름)

Господин Иванов! — 이바노프씨!

Уважаема госпожо Иванова! — 존경하는 이바노바씨!

Здравейте, госпожице Георгиева! — 안녕하세요, 게오르기에바씨!

Аз обичам господин Петров. — 나는 뻬트로프씨를 사랑해.

Аз чакам госпожа Петрова. — 나는 뻬트로바씨를 기다리고 있어.

Аз питам госпожица Иванова. — 나는 이바노바씨에게 물어보고 있어.

※ 시제의 다양성

'과거–현재–미래'로 정리되는 다른 언어들의 시제와 다르게 불가리아어는 무려 9개의 시제를 갖습니다. (　　　　 = 본 교재에서 학습할 시제들)

(1) 현재

시제	명칭	사용
① сегашно	현재시제	행위가 현재 일어나고 있을 때
		[형태] 불완료상 чета

(2) 과거

시제	명칭	사용
② минало свършено	아오리스트	과거에 일어난 행위가 이미 종료되었을 때
		[형태] 불완료상 четох, 완료상 прочетох
③ минало несвършено		과거에 일어난 행위가 종료된 건지 아닌지 불분명할 때
④ минало неопределено	현재완료, 퍼펙트	내가 목격하지 못한 행위를 나타낼 때
		[형태] 불완료상 съм чел, 완료상 съм прочел
⑤ минало предварително		과거 특정 시점보다 이전에 일어난 행위를 나타낼 때
⑥ бъдеще в миналото		과거시점을 기준으로 미래에 하려 했던 행위(A)를 나타낼 때 과거　　　A　　　현재
⑦ бъдеще предварително в миналото		과거시점을 기준으로 미래 특정 시점(B)보다 이전에 일어난 행위(A)를 나타낼 때 과거　　A　B　현재

(3) 미래

시제	명칭	사용
⑧ бъдеще	미래시제	행위가 미래에 일어날 때
		[형태] 불완료상 ще чета, 완료상 ще прочета
⑨ бъдеще предварително		미래의 특정 시점(B)보다 이전에 일어날 미래 행위(A)를 나타낼 때 현재　　A　　　B

이러한 다양한 시제가 불가리아어만이 갖는 자랑이기도 하지만 지나치게 세분화 된 탓에 실제 불가리아인들은 9개의 시제를 모두 사용하지 않습니다.

　: (7)번 → (6)번으로 대체　　　　　　(9)번 → (8)번의 단순 미래시제로 대체

УРОК

01

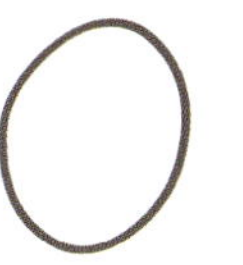

Здравейте!

안녕하세요!

학습 포인트

처음 만난 불가리아인에게 불가리아어로 인사해 보세요. 더욱 친근하게 다가올 겁니다. 불가리아어로 자신을 소개하고, 서로의 안부를 묻는 방법을 배워 보겠습니다.

주요 문법

- 인칭대명사
- съм 동사의 현재형
- съм 동사 현재형의 부정문
- 의문문

이 과에서 배울 주요 표현을 미리 들어 보세요.　　　　　　　　　　　　　　　　　🔊 MP3 **01-1**

인사하기

Здравейте.	안녕하세요.
Приятно ми е.	만나서 반갑습니다.
Довиждане.	안녕히 가세요.

소개하기

Как се казвате?	이름이 무엇인가요?
Аз се казвам Хайонг.	제 이름은 하영입니다.
Откъде сте?	어디에서 오셨어요?
Аз съм от Корея.	저는 한국에서 왔어요.

감사·사과 표현

Благодаря.	감사합니다.
Няма защо.	별말씀을요.
Извинете.	죄송합니다. / 실례합니다.
Няма нищо.	괜찮습니다.

단어	뜻	비고
Здравей	안녕 (만났을 때)	영어의 Hello와 같은 의미
Здрасти		영어의 Hi와 같은 의미
Чао	안녕 (헤어질 때)	영어의 Bye와 같은 의미
Мерси	고마워.	
Добре дошъл	환영합니다. (남자에게)	Добре дошла 환영합니다. (여자에게) Добре дошли 환영합니다. (여러 명에게, 존칭)
ти	너	
вие	너희들, 당신들	여러 명
Вие	당신	한 명, 존칭 표현
Как се казвате?	이름이 무엇인가요?	[직역] 어떻게 불리시나요?
Откъде сте?	어디에서 오셨어요?	от은 영어에서 전치사 from에 해당된다.
Южна Корея	남한	Корея(한국)라고 말해도 상관은 없지만 북한으로 이해하는 불가리아인들도 있으므로, 앞에 '남쪽의'를 의미하는 Южна를 붙이는 게 좋다.
мъж	남자	↔ жена 여자
момче	소년	↔ момиче 소녀
добър	좋은, 훌륭한	성·수 변화 добър–добра–добро–добри
лек	가벼운, 편안한	성·수 변화 лек–лека–леко–леки
студент	대학생 (남자)	студент 남자 대학생, 대학생 студентка 여자 대학생 * 남성으로 된 사람 직업은 정확히 남자를 지칭하기도 하고, 남녀 상관없이 일반적인 직업을 나타내기도 한다.
преподавател	대학교 강사, 선생님 (남자)	↔ преподавателка 대학교 강사, 선생님 (여자)
добре	잘	부사
говорите ◯◯(언어)	(당신이) ◯◯(언어)로 말하다	
български език	불가리아어	корейски език 한국어 английски език 영어

Ралица	Здравейте! Добре дошли в България!
Чеджун	Здравейте! Приятно ми е. Аз се казвам Чеджун.
	А Вие как се казвате?
Ралица	И на мен ми е приятно. Казвам се Ралица.
	Откъде сте?
Чеджун	Аз съм от Корея.
Ралица	Много добре говорите български!
Чеджун	Благодаря. Следвам български език в Корея.
	Извинете, но кой е преподавателят? Вие ли сте?
Ралица	Не, аз не съм преподавател. Студент съм.

랄리짜	안녕하세요! 불가리아에 오신 걸 환영합니다!
재준	안녕하세요! 만나서 반갑습니다. 저는 재준이라고 합니다.
	성함이 어떻게 되세요?
랄리짜	저도 반가워요. 저는 랄리짜라고 합니다.
	어디에서 오셨어요?
재준	저는 한국에서 왔어요.
랄리짜	불가리아어를 정말 잘 하시네요!
재준	감사합니다. 한국에서 불가리아어를 전공하고 있어요.
	죄송하지만, 어느 분이 선생님이시죠? 당신(이 선생님) 이신가요?
랄리짜	아니요, 저는 선생님이 아니에요. 학생이에요.

■ **자신의 이름을 말할 때 쓰이는 표현 : Аз се казвам~.** 저는 ~라고 불립니다.

동사의 형태만으로 인칭대명사가 파악되는 불가리아어 특성상 인칭대명사는 자주 생략됩니다. 'Аз се казвам~'의 경우에도 인칭대명사인 аз가 생략된 채로 자주 쓰이는데 이때 남겨진 '(생략) се казвам'의 두 구성요소 се와 казвам에서는 어순의 변화가 일어납니다.

① 인칭대명사가 생략되지 않은 경우

Аз се казвам Ралица. 저는 랄리짜라고 불립니다.

② 인칭대명사가 생략된 경우

(생략) **Казвам се Ралица.** (저는) 랄리짜라고 불립니다.

①의 경우와 같이 казвам에 비해 약한 성질을 띄는 대명사의 짧은 형태인 се는 앞에 인칭대명사 또는 의문사, 영어에서의 not 등이 있어야만 казвам 앞에 위치할 수 있습니다.

Не се казвам Чеджун. 저는 재준이라고 불리지 않습니다.

Как се казвате? (당신은) 어떻게 불리시나요?

A 인칭대명사

불가리아어는 총 8개의 인칭대명사를 갖습니다. 8개의 인칭대명사는 '나, 너, 그/그녀/그것'을 나타내는 단수 인칭대명사와 '우리, 너희들/당신(들), 그들'을 나타내는 복수 인칭대명사로 나뉩니다.

인칭	단수	복수
1인칭	аз 나	ние 우리
2인칭	ти 너	вие 너희들, 당신(들)
3인칭	той/тя/то 그/그녀/그것	те 그들

Аз съм студент. 나는 학생입니다.　　　　　**Кой** си **ти**? 너는 누구니?

Те са от Гърция. 그들은 그리스에서 왔습니다.

> **주의**
>
> 2인칭 복수 인칭대명사인 вие가 소문자로 쓰일 경우 여러 명을 지칭하여 '너희들, 당신들'로 해석되는 반면, 대문자 Вие로 쓰일 경우에는 '당신'으로 해석되어 한 명에 대한 존칭의 의미를 담습니다.
>
> **Кои** сте **вие**? 너희들은 누구니? / 당신들은 누구십니까?　　**Кой** сте **Вие**? 당신은 누구십니까?

B съм 동사의 현재형

съм 동사는 영어의 be 동사에 해당하며 '-은/-는/-이/-가'로 해석됩니다.

단수		복수	
аз 나	съм	ние 우리	сме
ти 너	си	вие 너희들, 당신(들)	сте
той/тя/то 그/그녀/그것	е	те 그들	са

Ние **сме** от България. 우리는 불가리아에서 왔습니다.　　**Как** **сте** (Вие)? (당신은) 잘 지내시나요?

Те **са** добри студенти. 그들은 좋은 학생들입니다.

3인칭 단수의 인칭대명사인 **той/тя/то**의 съм 동사는 е 하나로 통일됩니다.

Той **е** добър мъж. 그는 좋은 남자입니다.　　**Тя** **е** добра жена. 그녀는 좋은 여자입니다.

동일한 съм 동사 형태인 **е**를 공유하는 **той/тя/то**를 제외하고 인칭대명사마다 각기 다른 고유의 съм 동사를 갖기 때문에 съм 동사만으로도 주어가 파악됩니다. 따라서 인칭대명사를 생략하고 съм 동사만 쓰이는 경우가 많습니다. 하지만 съм 동사로는 절대 문장을 시작할 수 없기 때문에 문장의 뒤로 위치하게 됩니다.

Аз **съм** студент.   →   Студент **съм**.   나는 학생입니다.

Те **са** от Гърция.   →   От Гърция **са**.   그들은 그리스에서 왔습니다.

ⓒ **съм** 동사 현재형의 부정문

불가리아어에서는 **съм** 동사를 부정하기 위해 '아니요/~이 아니다'를 의미하는 **не**를 사용합니다.
Не는 동사의 앞에 위치합니다.

단수		복수	
аз 나	**не съм**	**ние** 우리	**не сме**
ти 너	**не си**	**вие** 너희들, 당신(들)	**не сте**
той/тя/то 그/그녀/그것	**не е**	**те** 그들	**не са**

Аз съм студент. 나는 학생입니다.

→ Аз **не** съм студент. 나는 학생이 아닙니다.

Те са от Гърция. 그들은 그리스에서 왔습니다.

→ Те **не** са от Гърция. 그들은 그리스에서 오지 않았습니다.

ⓓ 의문문

불가리아어는 의문문을 만들기 위해 의문사나 의문소사 **ли**를 사용합니다. 의문소사 **ли**는 단독으로
사용할 수 없습니다.

● 의문사를 사용할 경우 : 「의문사＋동사＋주어」

Как си(ти)? (너는) 어떻게 지내니?   **Кога** е рожденият ти ден? 너의 생일은 언제니?

Къде е преподавателят? 선생님은 어디에 계시니?

● 의문소사 **ли**

강조해서 묻고자 하는 내용 뒤에 위치하며 평서문을 의문문으로 만드는 역할을 합니다.

Той **ли** учи български? 불가리아어를 공부하는 게 그 사람이니? (아니면 다른 사람이니?)

Той български **ли** учи? 그가 공부하는 게 불가리아어이니? (아니면 다른 언어이니?)

Той учи **ли** български? 그가 불가리아어를 공부하니? (아니면 공부를 안 하니?)

1. 다음 〈보기〉와 같이 빈칸에 알맞은 съм 동사 형태를 넣어 문장을 완성해 보세요.

| 보기 | Аз **съм** Соня.

(1) Тя ＿＿＿ от Англия.

(2) Ние ＿＿＿ много заети.

(3) Той откъде＿＿＿?

(4) Кой ＿＿＿ той?

(5) Къде ＿＿＿ Мария и Александър?

(6) Мария не ＿＿＿ преподавател.

2. 다음 〈보기〉와 같이 불가리아어를 해석해 보세요.

| 보기 | И на мен ми е приятно. ➡ 저도 만나서 반가워요.

(1) Следвам английски език.

➡ ＿＿＿＿＿＿＿＿＿＿＿＿＿＿＿＿＿＿＿＿＿＿

(2) Тя студентка ли е?

➡ ＿＿＿＿＿＿＿＿＿＿＿＿＿＿＿＿＿＿＿＿＿＿

(3) Той не е преподавател.

➡ ＿＿＿＿＿＿＿＿＿＿＿＿＿＿＿＿＿＿＿＿＿＿

(4) Не говорите добре български.

➡ ＿＿＿＿＿＿＿＿＿＿＿＿＿＿＿＿＿＿＿＿＿＿

3. 다음 〈보기〉에서 알맞은 제시어를 넣어 문장을 완성해 보세요.

> | 보기 | откъде   много добре   не   добре дошла

(1) Вие ＿＿＿＿＿＿ говорите корейски!

(2) Венета, ＿＿＿＿＿＿ в Корея!

(3) ＿＿＿＿＿＿ си ти?

(4) Той ＿＿＿＿＿＿ е лекар.

4. 녹음을 듣고 빈칸을 채워 보세요.　　　　　　　　　🎧 MP3 **01-4**

(1) Следвам ＿＿＿＿＿＿ език.

(2) Те са от ＿＿＿＿＿＿.

(3) ＿＿＿＿＿＿ сте зает.

(4) Тя ＿＿ добра ＿＿＿＿＿＿.

불가리아의 YES or NO 대답법

불가리아에 다녀온 사람들에게 가장 황당하고 신기했던 것이 무엇이었는지 물어보면 대부분 불가리아식 대답법이라고 말합니다. 일반적으로 긍정을 나타내는 Yes는 고개를 위아래로 끄덕이고, 부정을 나타내는 No는 고개를 좌우로 젓는 동작을 취하지만 불가리아에서는 정반대의 대답법이 사용되기 때문입니다. Yes를 의미하는 Да를 통해 긍정의 응답을 할 때는 고개를 좌우로, No를 의미하는 He를 통해 부정의 응답을 할 때는 고개를 위아래로 흔드는 것이 그들만의 응답 방식입니다. 그러므로 레스토랑에서 주문하기 위해 웨이터를 부를 때, 마트에서 봉지를 달라고 할 때, 식료품점에서 식품이 있는지 물을 때 등 모두 똑같이 고개를 좌우로 흔들면서도 요청에 친절히 응하는 모습에 당황할 필요가 없습니다.

불가리아인들의 이런 독특한 대답법을 사용하는 이유를 알기 위해서는 14~19세기 말까지 500여 년 동안 오스만 제국이 불가리아를 지배했던 시기로 거슬러 올라가야 합니다. 오스만 제국은 자신에 대한 복종과 단합의 의미로 피지배국이었던 불가리아인들에게 이슬람교로 개종할 것을 강요했습니다. 실제로 이슬람교로의 개종 여부에 따라 불가리아인들의 생사가 결정되었는데, 개종했는지에 대한 물음에, 그들에 대한 반항으로 가득한 본심을 숨기고 고개를 위아래로 흔들며 긍정을 표했다고 합니다. 겉으로는 긍정이나 마음속으로는 강한 부정을 나타내며 오스만 제국에 저항했던 조상들의 생존방식과 지혜가 불가리아인들만의 독특한 응답법으로 이어져 오늘날까지도 사용되고 있는 것입니다.

Аз съм кореец/корейка.

저는 한국남자/한국여자입니다.

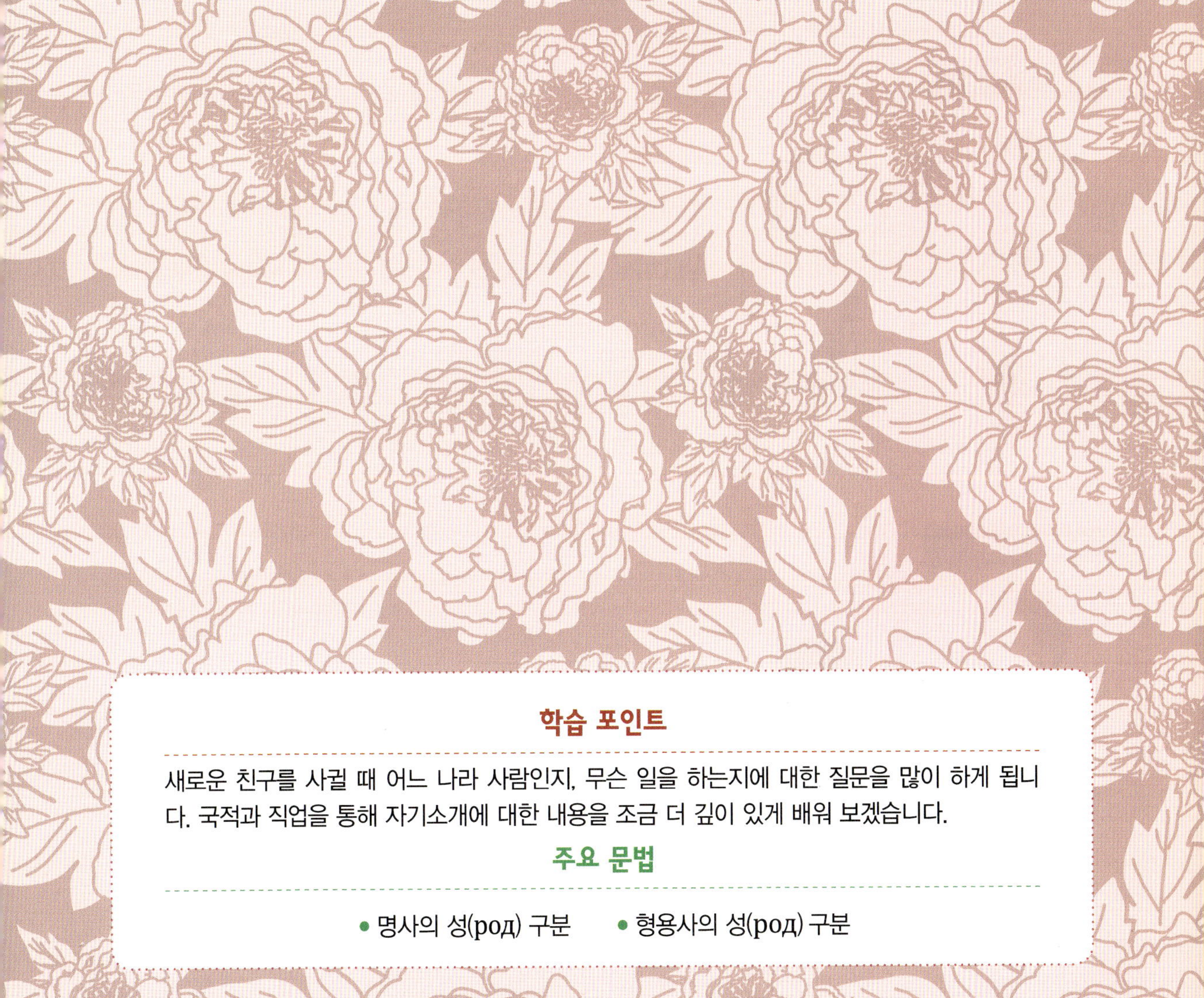

학습 포인트

새로운 친구를 사귈 때 어느 나라 사람인지, 무슨 일을 하는지에 대한 질문을 많이 하게 됩니다. 국적과 직업을 통해 자기소개에 대한 내용을 조금 더 깊이 있게 배워 보겠습니다.

주요 문법

- 명사의 성(род) 구분
- 형용사의 성(род) 구분

국적 물어보기

Какъв сте по народност?　(남자에게) 국적이 어떻게 되세요?

Аз съм кореец.　　　　　　　저는 (남자) 한국인입니다.

직업 물어보기

Каква сте по професия?　(여자에게) 직업이 어떻게 되세요?

Аз съм учителка.　　　　저는 (여자) 선생님입니다.

Какво работите?　　　　어떤 일을 하세요?

부가 의문사 нали

Вие сте французин, нали?　당신은 프랑스인이에요, 맞죠?

Свободно говорите английски, нали?

(당신은) 영어를 자유롭게 구사해요, 맞죠?

단어	뜻	비고
Какъв сте по ~?	(남자에게) 당신의 ~은 무엇입니까?	Какъв сте по народност? [직역] (남자에게) 국적으로 따지면 당신은 무엇입니까? = (남자에게) 당신의 국적은 무엇입니까?
народност	국적	= националност 국적 영어의 nationality와 같은 의미이다.
професия	직업	영어의 profession과 같은 의미이다.
госпожице + 성(이름)	(부를 때) ~씨, ~님	<table><tr><td>영어 표현</td><td>불가리아어</td><td>축약형</td></tr><tr><td>Ms. ~</td><td>Госпожице ~</td><td>Г–це ~</td></tr><tr><td>Mrs. ~</td><td>Госпожо ~</td><td>Г–жо ~</td></tr><tr><td>Mr. ~</td><td>Господин ~</td><td>Г–н ~</td></tr></table>Госпожице[Г–це] Хайонг. 하영씨.
Как си (сте)?	잘 지내(세요)?	
учител	(초·중·고등학교) 선생님	учител по ~ ~과목 선생님
свободно	자유롭게	[형용사] 성·수 변화 свободен–свободна–свободно–свободни 자유로운 불가리아어에는 형용사 중성과 부사가 일치하는 경우가 많습니다. [형용사] свободно време 자유로운 시간 [부사] говоря свободно английски език 영어를 자유롭게 말하다(구사하다)
от дете	어릴 때부터	дете 아이, 어린이
само	오로지	
Нали?	그렇지? / 맞지?	부가 의문사
също	또한, 마찬가지로	
Разбира се	당연하지	
лек	가벼운, 편안한	성·수 변화 лек–лека–леко–леки
утро	아침	= сутрин ден 날·일·하루 вечер 저녁 нощ 밤
лекар	의사 (남자)	↔ лекарка 의사 (여자)
красив	아름다운	성·수 변화 красив–красива–красиво–красиви
малък	작은, 나이가 어린	성·수 변화 малък–малка–малко–малки
топъл	따뜻한	성·수 변화 топъл–топла–топло–топли
светъл	밝은	성·수 변화 светъл–светла–светло–светли
цвете	꽃	
инженер	기술자, 엔지니어	
учебник	교과서	ученик (초·중·고등학교) 학생
тетрадка	노트	

회화 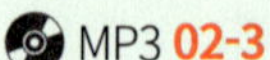

Петър	Добър ден, г-це Хайонг! Как сте?
Хайонг	Много добре. Благодаря.
	Г-н Младенов, какъв сте по професия?
Петър	Аз съм учител по английски език.
Хайонг	Свободно ли говорите английски?
Петър	Да. Баща ми е англичанин.
	От дете говоря само на английски с него.
Хайонг	Страхотно! А майка Ви каква е по народност?
	Българка ли е?
Петър	Да. И аз съм българин. А Вие сте корейка, нали?
Хайонг	Разбира се! Родителите ми също са корейци.

뻬떠르	안녕하세요, 하영씨! 잘 지내시죠?
하영	아주 잘 지내요. 감사합니다.
	믈라데노프씨, 직업이 어떻게 되세요?
뻬떠르	저는 영어 선생님이에요.
하영	영어를 자유롭게 구사하시나요?
뻬떠르	네. 제 아버지가 영국인이세요.
	어릴 때부터 그와 영어로만 말해요.
하영	멋져요! 그럼 당신의 어머니는요?
	불가리아인인가요?
뻬떠르	네. 저도 불가리아인이에요. 당신은 한국인이에요, 맞죠?
하영	당연하죠! 제 부모님도 한국인이에요.

불가리아어도 영어와 같이 '아침·점심·저녁'의 인사 표현이 다릅니다. 만났을 때와 헤어질 때의 인사법을 익혀 보세요.

■ **만났을 때**

종류	불가리아어	영어
아침 인사	Добро утро!	Good morning!
점심 인사	Добър ден!	Good day / afternoon!
저녁 인사	Добър вечер!	Good evening!

■ **헤어질 때**

종류	불가리아어	뜻
낮	Лек ден!	가벼운(편안한) 하루 되세요!
저녁	Лека вечер!	가벼운(편안한) 저녁 되세요!
밤	Лека нощ!	가벼운(편안한) 밤 되세요! = 안녕히 주무세요!

Ⓐ 명사의 성(род) 구분

불가리아어에는 ‘남성·여성·중성’의 3개의 성(род)이 있습니다. 명사의 성(род)은 그 명사가 어떤 알파벳으로 끝나는지에 따라 구분됩니다.

성(род)	어미	예		
남성	자음으로 끝날 때	лека**р** 의사 (남자)	моли**в** 연필	сто**л** 의자
	й로 끝날 때	трамва**й** 트램 버스	ча**й** 차(tea)	музе**й** 박물관
여성	**a**로 끝날 때	лекарк**а** 의사 (여자)	чант**а** 가방	химикалк**а** 펜
	я로 끝날 때	ста**я** 방	Англи**я** 영국	Турци**я** 터키
중성	**o**로 끝날 때	бюр**о** 탁자	легл**о** 침대	огледал**о** 거울
	e로 끝날 때	перд**е** 커텐	пил**е** 닭	мор**е** 바다
	ие로 끝날 때	списан**ие** 잡지	упражнен**ие** 연습(문제)	усил**ие** 노력

주의

е로 끝나는 중성명사와 ие로 끝나는 중성명사를 따로 구분하는 이유는 두 형태의 복수형이 다르기 때문입니다.

위의 분류에서 벗어나는 예외 명사들도 있습니다.

⑴ **남성명사 어미인 자음이나 й로 끝나지 않는데, 자연성(성별이 남성일 수 밖에 없는 명사들) 때문에 남성명사인 경우**

баща : 생김새 = 여성   **дядо** : 생김새 = 중성   **чичо** : 생김새 = 중성

뜻 = 아버지   뜻 = 할아버지   뜻 = 삼촌

실제 성 = 남성   **실제 성 = 남성**   **실제 성 = 남성**

⑵ **여성명사 어미인 a나 я로 끝나지 않는데, 여성명사인 경우**

песен : 생김새 = 남성   **нощ** : 생김새 = 남성   **сутрин** : 생김새 = 남성

뜻 = 노래   뜻 = 밤(night)   뜻 = 아침

실제 성 = 여성   **실제 성 = 여성**   **실제 성 = 여성**

⑶ **–ост로 끝나는 추상명사**

–**ност**	–**вост**, –**бост**	–**лост**	–**дост**
народ**ност** 국적	хуб**ост** 아름다움	смел**ост** 용기	млад**ост** 젊음
пособ**ност** 능력	пъргав**ост** 민첩함	жал**ост** 슬픔	горд**ост** 자랑스러움
ревн**ост** 질투	слаб**ост** 약점	отпаднал**ост** 피곤함	рад**ост** 기쁨

Ⓑ 형용사의 성(род) 구분

불가리아어의 형용사도 어미에 따라 성이 구분됩니다.

성(род)	어미	예		
남성	자음으로 끝날 때	голя**м** 큰		
	и로 끝날 때	българск**и** 불가리아의	първ**и** 첫 번째의	
여성	a로 끝날 때	голям**а** 큰	българск**а** 불가리아의	първ**а** 첫 번째의
중성	o로 끝날 때	голям**о** 큰	българск**о** 불가리아의	първ**о** 첫 번째의

남성 형용사가 가장 기본이 되는 형태이기 때문에 사전에서는 남성 형용사만 제시됩니다. 여성 형용사와 중성 형용사는 남성 형용사에 a 또는 o를 첨가·대체하여 형성됩니다.

висок (키가) 큰, 높은

성 변화 : a 또는 o를 '첨가' → 남성 **висок** – 여성 **висока** – 중성 **високо**

английски 영어의

성 변화 : a 또는 o로 '대체' → 남성 **английски** – 여성 **английска** – 중성 **английско**

하지만 '첨가·대체'에 추가로 생략까지 일어나는 성 변화도 있습니다.

⑴ **자음으로 끝나는 남성 형용사의 뒤에서 두 번째 알파벳이 е 일 때**

남성 **тъмен** – 여성 **тъмна** – 중성 **тъмно** : 어두운   → 성 변화 시 е 생략

⑵ **자음으로 끝나는 남성 형용사의 뒤에서 두 번째 알파벳이 ъ 일 때**

남성 **дълъг** – 여성 **дълга** – 중성 **дълго** : 긴   → 성 변화 시 ъ 생략

주의 ☆

⑴, ⑵번에 해당하는 모든 형용사가 모두 е와 ъ를 생략하는 것은 아니므로 이 경우에 속하는 형용사들의 성 변화는 하나하나 외워야 합니다.

남성 **студен** – 여성 **студена** – 중성 **студено** : 추운   → 성 변화 시 е 유지
남성 **къс** – 여성 **къса** – 중성 **късо** : 짧은   → 성 변화 시 ъ 유지

「형용사+명사」 표현을 쓸 경우, 명사의 성에 맞추어 형용사의 성도 일치시켜야 합니다.

красив адвокат 아름다운 (남)변호사   → 형용사 **красив** (남성) + 명사 **адвокат** (남성)
голяма чанта 큰 가방   → 형용사 **голяма** (여성) + 명사 **чанта** (여성)
малко огледало 작은 거울   → 형용사 **малко** (중성) + 명사 **огледало** (중성)

български език 불가리아어   **българска песен** 불가리아의 노래
българско хоро 불가리아의 호로(전통 춤)

연습문제

1. 한국어 인사법과 일치하는 불가리아어 표현을 찾아 연결해 보세요.

(1) 헤어질 때 – 낮 •	•	ⓐ Лека нощ!
(2) 만났을 때 – 저녁 •	•	ⓑ Лека вечер!
(3) 헤어질 때 – 저녁 •	•	ⓒ Добро утро!
(4) 만났을 때 – 아침 •	•	ⓓ Лек ден!
(5) 헤어질 때 – 밤 •	•	ⓔ Добър вечер!

2. 다음 제시된 단어들을 성에 따라 분류해 보세요.

цвете	инженер	стол	химикалка	секретар
учебник	грък	София	език	песен
списание	бюро	тетрадка		

(1) 남성 명사

➡ ____

(2) 여성 명사

➡ ____

(3) 중성 명사

➡ ____

3. 다음 〈보기〉와 같이 「형용사＋명사」 구문을 불가리아어로 적어 보세요.

| 보기 |　　큰 의자　　➡　**голям стол**

(1) 짧은 연필　　➡　__________ __________

(2) 나이가 어린 여자　　➡　__________ __________

(3) 아름다운 꽃　　➡　__________ __________

(4) 불가리아의 언어　　➡　__________ __________

4. 녹음을 듣고 빈칸을 채워 보세요.　　🔊 MP3 **02-4**

(1) A: Какъв __________ по __________ ?

　　 B: Аз съм __________ .

(2) A: Той е красив, __________ ?

　　 B: Да. Аз __________ мисля така.

(3) A: Г-жо Петрова, Вие какво работите?

　　 B: Аз __________ __________ по корейски __________ .

(4) A: Баща ми е французин, а майка ми е __________ .

　　 B: Вие французойка __________ сте или __________ ?

불가리아어에서 대부분의 나라 이름은 **–я**로 끝납니다. 영어와 비슷하게 발음되기 때문에 어느 국가인지 쉽게 추측할 수 있습니다.
주의 할 점! 나라 이름은 반드시 대문자로 시작합니다.

나라	불가리아어	영어
한국	Корея	Korea
독일	Германия	Germany
터키	Турция	Turkey

България 불가리아
българин 불가리아 남자
българка 불가리아 여자

Корея 한국
кореец 한국 남자
корейка 한국 여자

Китай 중국
китаец 중국 남자
китайка 중국 여자

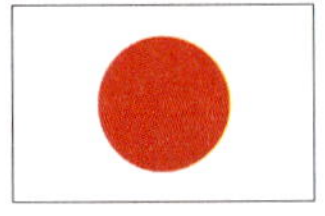

Япония 일본
японец 일본 남자
японка 일본 여자

Англия 영국
англичанин 영국 남자
англичанка 영국 여자

Америка 미국
американец 미국 남자
американка 미국 여자

Германия 독일
германец 독일 남자
германка 독일 여자

Франция 프랑스
французин 프랑스 남자
французойка 프랑스 여자

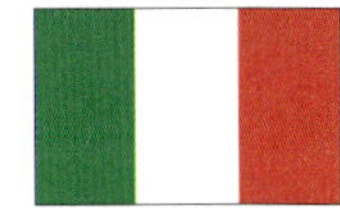

Италия 이탈리아
италианец 이탈리아 남자
италианка 이탈리아 여자

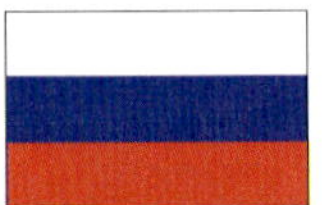

Русия 러시아
руснак 러시아 남자
рускиня 러시아 여자

Гърция 그리스
грък 그리스 남자
гъркиня 그리스 여자

Турция 터키
турчин 터키 남자
туркиня 터키 여자

УРОК

03

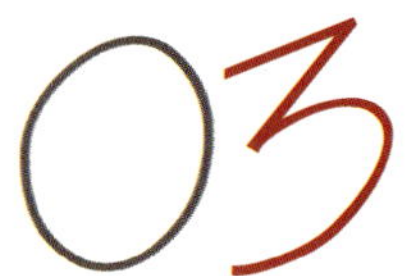

Тук има много студенти.

여기 학생이 많네요.

학습 포인트

2과에서 명사와 형용사의 단수형을 배웠다면 이번 과에서는 여러 개를 표현할 때 쓰이는 복수 형태를 배워보겠습니다.

주요 문법

- 명사의 복수형
- 형용사의 복수형

있다 / 없다

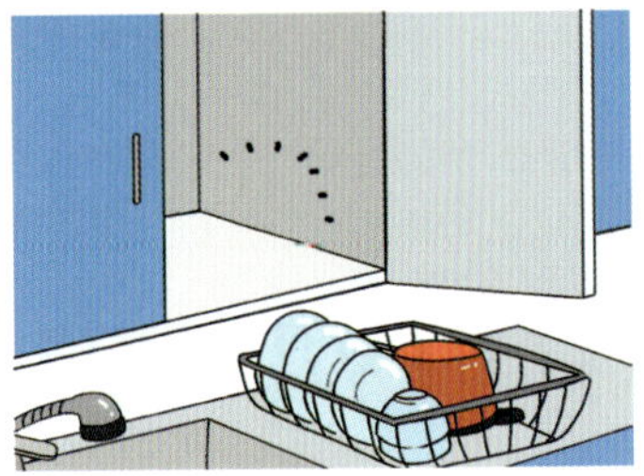

Тук има студенти.　　여기에 학생이 있다.

В шкафа няма чаши.　　찬장에 찻잔이 없다.

가지고 있다 / 있지 않다

Той има много учебници.　　그는 많은 교과서를 가지고 있어.

Аз нямам пари за дрехи.　　나는 옷 살 돈을 가지고 있지 않아.

마음에 들다

Харесва ми.　　내 마음에 들어.

Той ми харесва.　　그는 내 마음에 들어.

Те не ми харесват.　　그들은 내 마음에 들지 않아.

단어	뜻	비고
има	~이 있다	= 단수와 복수에서 모두 사용. (영어의 there is/are) имам 동사의 3인칭 단수(той/тя/то) 형태와 동일하다.
няма	~이 없다	= 단수와 복수에서 모두 사용. (영어의 there isn't/aren't) нямам 동사의 3인칭 단수(той/тя/то) 형태와 동일하다.
имам	가지고 있다	съм 동사와 마찬가지로 인칭에 따라 각기 다른 동사 형태를 갖는다. – 동사의 인칭변화 <table><tr><td>аз</td><td>имам</td><td>ние</td><td>имаме</td></tr><tr><td>ти</td><td>имаш</td><td>вие</td><td>имате</td></tr><tr><td>той/тя/то</td><td>има</td><td>те</td><td>имат</td></tr></table>
нямам	가지고 있지 않다	– 동사의 인칭변화 <table><tr><td>аз</td><td>нямам</td><td>ние</td><td>нямаме</td></tr><tr><td>ти</td><td>нямаш</td><td>вие</td><td>нямате</td></tr><tr><td>той/тя/то</td><td>няма</td><td>те</td><td>нямат</td></tr></table>
много	많은	* 영어의 many와 같은 의미. 뒤에 명사가 오는 경우 много столове : 많은 의자 (영어의 many chairs)
	많이, 매우	* 영어의 so, too와 같은 의미. 뒤에 형용사가 오는 경우 много стар : 매우 늙은 (영어의 so old)
тук	여기	↔ там 저기
един	한 개, 1	성·수 변화 един–една–едно–едни
Защо?	왜?	защото 왜냐하면
Ето защо ~.	그래서 ~.	= ~한 이유가 (바로) 이것 때문이다.
библиотека	도서관	
атмосфера	분위기	Атмосферата е приятна. 분위기가 좋다.
Какво има?	무슨 일이야?	
Слушаш ли ме?	내 말 듣고 있어?	ме 나를(= 내 말을, 내 이야기를)
в себе си	자기 자신 안에	в [전치사] ~안에
сезон	계절	пролет 봄　　лято 여름　　есен 가을　　зима 겨울
диалог	대화	영어의 dialogue와 같은 발음이다.
трамвай	트램 (버스)	불가리아의 대표적인 교통수단 중 하나이다.
яке	재킷	сако 재킷, 코트
обичам	사랑하다	Обичам те! 너를 사랑해!

회화

Чеджун	Много ми харесва това място!
Ралица	Харесва ти?! Защо?
Чеджун	Атмосферата е много приятна и спокойна.
Ралица	Да. Ето защо тук винаги има много студенти.
	Понякога дори няма нито едно празно място.
Чеджун	Да... да...
Ралица	Чеджун? Какво? Какво има? Слушаш ли ме?
Чеджун	Рали, виж! Там има много красиво момиче!
	Имаш ли телефон в себе си?
Ралица	Не, нямам. В чантата е.
	Чеджун, тя ми е приятелка и си има гадже!

재준	난 이 곳이 너무 좋아!
랄리짜	여기가 좋다고?! 왜?
재준	분위기가 너무 좋고 평온해.
랄리짜	맞아. 그게 바로 여기에 항상 학생들이 많은 이유지.
	가끔은 빈 자리가 하나도 없어.
재준	응… 그래….
랄리짜	재준아? 뭔데? 무슨 일인데? 내 말 듣고 있어?
재준	랄리, 봐봐! 저기에 엄청 예쁜 소녀가 있어!
	너 (안에) 핸드폰 가지고 있어?
랄리짜	아니, 없어. 가방에 있어.
	재준아, 그녀는 내 친구이고 그녀는 애인이 있어!

불가리아어에서는 '좋아하다'를 두 가지 방법으로 표현합니다.

■ **주어와 동사를 모두 변화시켜 좋아하는 주체가 누구인지를 밝힙니다.**

> 주어 + 좋아하다 + ~을, ~를

Аз харесвам ~. 나는 ~을 좋아한다. Ние харесваме ~. 우리는 ~을 좋아한다.

Ти харесваш ~. 너는 ~을 좋아한다. Вие харесвате ~. 너희는 ~을 좋아한다.

Той/Тя/То харесва ~. Те харесват ~. 그들은 ~을 좋아한다.
그/그녀/그것은 ~을 좋아한다.

■ **'~에게'에 해당되는 단어미형 대명사를 변화시켜 마음에 든 주체가 누구인지를 밝힙니다.**

> 마음에 든다 3인칭 단수(харесва) + ~에게 + (단수 명사) 은/는/이/가
> 마음에 든다 3인칭 복수(харесват) + ~에게 + (복수 명사) 은/는/이/가

Харесва ми ~. ~은 나에게 마음에 든다. Харесват ни ~. ~은 우리에게 마음에 든다.

Харесва ти ~. ~은 너에게 마음에 든다. Харесват ви ~. ~은 너희에게 마음에 든다.

Харесва му/ѝ/му ~. Харесват им ~. ~은 그들에게 마음에 든다.
~은 그/그녀/그것에게 마음에 든다.

문법

Ⓐ 명사의 복수형

불가리아어에는 '단수·복수'의 2개의 수(**число**)가 있습니다. 가장 기본적인 명사 복수형 어미는 **и**이지만 다음과 같이 독특한 복수형 어미도 존재합니다. 아래에 제시된 명사의 복수형은 영어의 many를 의미하는 **много**와 함께 쓰입니다.

성(род)	단수형 어미	과정	복수형 어미
여성	a로 끝날 때	a 삭제 후	+ и
	я로 끝날 때	я 삭제 후	
	една мас**а** → много мас**и** 많은 식탁들 / една ста**я** → много ста**и** 많은 방들		
중성	o로 끝날 때	o 삭제 후	+ a
	e로 끝날 때	e 살린 후	+ та
	ие로 끝날 때	ие 삭제 후	+ ия
	едно легл**о** → много легл**а** 많은 침대들		
	едно перд**е** → много перд**ета** 많은 커텐들		
	едно спис**ание** → много спис**ания** 많은 잡지들		

남성 명사의 복수형은 여성, 중성보다 세분화되어 조금 더 복잡합니다.

성(род)	단수형 어미	단수형 어미의 하위 분류	과정	복수형 어미
남성	자음으로 끝날 때	[1] 단음절 명사	자음 살린 후	+ ove
		един сто**л** → много стол**ове** 많은 의자들		
		[2] 다음절 명사	자음 살린 후	+ и
		един мол**ив** → много молив**и** 많은 연필들		
		[2-1] 다음절 명사 중 뒤에서 두 번째 글자 : e, ъ	e, ъ 삭제 후	+ и
		един прозор**ец** → много прозор**ци** 많은 창문들		
		[3] 연자음화: г (г → з) / к (к → ц) / х (х → с)		+ и
		един диало**г** → много диало**зи** 많은 대화들		
	й로 끝날 때	[1] 단음절 명사	й 살린 후	+ ove
		[2] 다음절 명사	й 삭제 후	+ и
		един ча**й** → много чай**ове** 많은 차들		
		един трамва**й** → много трамва**и** 많은 트램 버스들		

* 용어설명!

1. 단음절 명사는 1개의 모음만을 가지고 있는 명사를, 다음절 명사는 모음이 2개 이상인 명사를 뜻합니다.

2. 연자음화란 명사 복수형 어미로 연한 모음(**и**)이 첨가되기 때문에 앞에 오는 강한 자음(**г, к, х**)이 연한 자음(**з, ц, с**)으로 변하는 현상을 말합니다.

명사의 복수형 중 앞의 규칙에 따르지 않는 예외명사도 있습니다.

단수형	복수형	뜻	단수형	복수형	뜻
център	центрове	중심들	ръка	ръце	손들
кон	коне	말들 (동물)	мъж	мъже	남자들
око	очи	눈들 (신체)	ухо	уши	귀들 (신체)
дете	деца	어린이들	цвете	цветя	꽃들
дядо	дядовци	할아버지들	име	имена	이름들

* 단수형으로만 쓰이는 명사 → 추상명사 : щастие 행복, любов 사랑, детство 어린시절, младост 젊음 등
  복수형으로만 쓰이는 명사 → 두 개가 한 쌍인 경우 : очила 안경, плещи 어깨, гащи 바지 등

Ⓑ 형용사의 복수형

형용사의 복수형은 명사의 복수형보다 훨씬 간단합니다. 형용사의 복수형태는 무조건 и로 끝납니다.

	남성	여성	중성	복수형
어미	자음으로 끝날 때 и로 끝날 때	a로 끝날 때	o로 끝날 때	и로 끝날 때
예	голям български, първи	голяма, българска, първа	голямо, българско, първо	големи, български, първи

주의 ☆

и로 끝나는 남성 형용사는 복수형도 и로 끝나게 되어 형태가 중복됩니다. 이 경우, 뒤에 오는 명사에 따라 성·수를 구분해야 합니다.

български студент 불가리아의 학생   български студенти 불가리아의 학생들
→ 남성 형용사   → 복수형 형용사

「형용사+명사」 표현을 쓸 경우, 명사의 수에 맞게 형용사의 수도 일치시켜야 합니다.

красиви адвокати 아름다운 (남)변호사들   → 형용사 красиви (복수형) + 명사 адвокати (복수형)

големи чанти 큰 가방들   → 형용사 големи (복수형) + 명사 чанти (복수형)

български градове 불가리아의 도시들   български момчета 불가리아의 소년들

* 불가리아어에는 е와 я가 서로 대체되는 경우가 많습니다. 남성 형용사가 자음으로 끝나고 е 또는 я를 포함한 경우, 남성·여성·중성·복
  수형의 성·수 변화 양상은 2가지로 나뉩니다.
  ⑴ я-я-я-е형   남성 голям - 여성 голяма - 중성 голямо - 복수형 големи : 큰
  ⑵ е-я-я-е형   남성 тесен - 여성 тясна - 중성 тясно - 복수형 тесни : 좁은
                남성 лесен - 여성 лесна - 중성 лесно - 복수형 лесни : 쉬운

1. 다음 〈보기〉와 같이 명사들을 복수형으로 적어 보세요.

> | 보기 | център   ➡ центр**ове**

  (1) списание ➡ _____________

  (2) очила ➡ _____________

  (3) адвокат ➡ _____________

  (4) любов ➡ _____________

  (5) диалог ➡ _____________

  (6) трамвай ➡ _____________

2. 다음 〈보기〉와 같이 명사의 성·수를 파악한 후, 밑줄 친 부분에 알맞은 형용사를 적어 보세요.

> | 보기 | нисък-ниска-ниско-ниски (키가) 작은, 낮은 ➡ **ниско** момиче

  (1) светъл-светла-светло-светли 밝은 ➡ _____________ стая

  (2) голям-голяма-голямо-големи 큰 ➡ _____________ градове

  (3) красив-красива-красиво-красиви 아름다운 ➡ _____________ цветя

  (4) дълъг-дълга-дълго-дълги 긴 ➡ _____________ песен

3. 다음 〈보기〉와 같이 불가리아어를 해석해 보세요.

> | 보기 |　　Там има много журналисти.　➡　저기에는 기자들이 많아.

(1) Там защо не ти харесва?

➡ ____

(2) В библиотеката има много учебници.

➡ ____

(3) Имате ли чай?

➡ ____

(4) Той си има гадже!

➡ ____

4. 녹음을 듣고 빈칸을 채워 보세요.　　　　　　　　　　　🔊 MP3 **03-4**

Петър	Тук харесва ли ти?
Хайонг	Да. ____________ ми ____________.
Петър	____________?
Хайонг	____________ ____________ много красиви пердета.
Петър	Да. ____________ ____________ много студенти обичат това място.

불가리아에서 사용하는 문자는 '키릴문자 Кирилица'입니다. 키릴문자는 러시아, 우크라이나, 벨라루스, 세르비아 등 불가리아와 같은 어족인 슬라브어권 국가들(폴란드, 체코, 슬로바키아는 1990년대 이후 라틴문자로 변경)뿐만 아니라 아제르바이잔, 조지아, 몽골 등 세계 각국에서 사용되는 문자입니다.

9세기 중반 현재 체코에 해당하는 모라비아 공국의 로스티슬라프 황제가 당시 종교 활동에서 사용되었던 성스러운 세 언어(그리스어, 라틴어, 히브리어)가 아닌 슬라브어로도 예배활동을 할 수 있도록 사제의 파견을 요청했습니다. 그리스 테살로니키 출신인 키릴과 메토디 형제가 이러한 미션을 받고 고대 불가리아어 구어를 바탕으로 하여 창제한 문자가 바로 키릴문자의 원형이라고 할 수 있는 '글라골 문자 Глаголица'입니다. 키릴과 메토디 형제는 글라골 문자를 바탕으로 제자들과 함께 활발한 예배 서적의 번역과 포교활동을 펼쳤습니다. 키릴과 메토디 형제의 사망 후 그들의 제자들이 불가리아로 가서 보리스 1세의 지원으로 글라골 문자를 발전시켜 만든 것이 오늘날 사용되고 있는 키릴문자입니다. 엄밀히 따지면 키릴문자의 창제자는 키릴과 메토디 형제의 제자들이지만 스승의 영광을 기리기 위해 '키릴'문자라는 명칭이 탄생하게 된 것입니다. 이처럼 불가리아에서 시작된 키릴문자는 러시아나 체코 등 다른 국가들로 전파되어 그들의 문어 창제에도 기여했습니다.

현재까지도 그리스, 러시아, 체코 등 다양한 국가에서 키릴문자의 기원을 두고 논쟁을 벌이고 있지만 '키릴문자는 불가리아에서 시작'되었습니다. 전 세계에서 셀 수 없이 많은 사람이 사용하는 문자가 불가리아에서 시작되었다는 사실은 영토는 작지만, 언어 역사적으로 그 어느 나라보다도 강한 불가리아의 언어를 배우게 하는 가장 큰 원동력이 됩니다.

Трябват ни три домата.

우리에게 토마토 3개가 필요해.

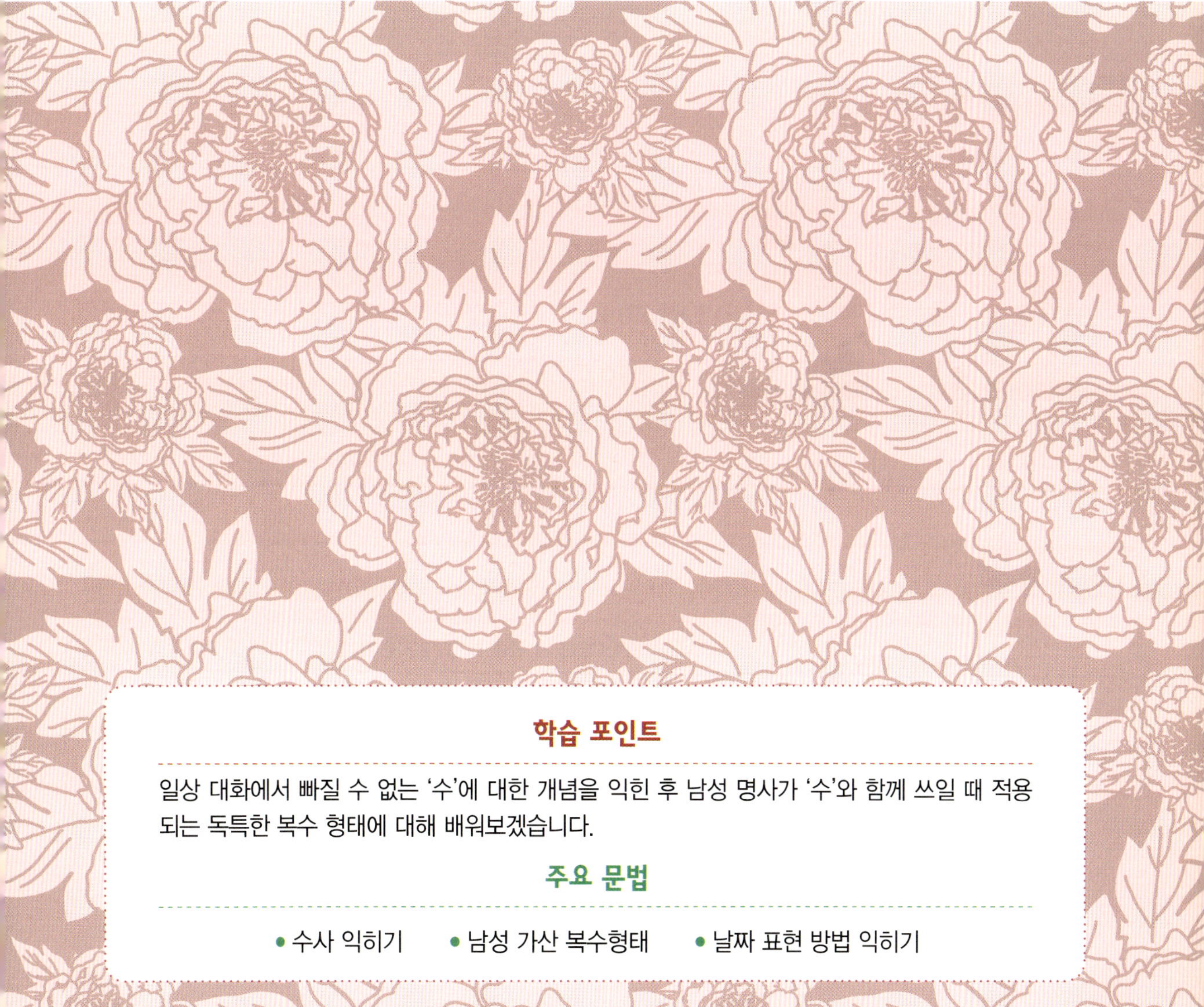

학습 포인트

일상 대화에서 빠질 수 없는 '수'에 대한 개념을 익힌 후 남성 명사가 '수'와 함께 쓰일 때 적용되는 독특한 복수 형태에 대해 배워보겠습니다.

주요 문법

- 수사 익히기
- 남성 가산 복수형태
- 날짜 표현 방법 익히기

패턴

이 과에서 배울 주요 표현을 미리 들어 보세요.

개수 말하기

Трябва ми един домат.	저는 토마토 한 개가 필요해요.
Трябват ми пет картофа.	저는 감자 다섯 개가 필요해요.

가격 물어보기

Колко струва?	얼마예요?
Струва 10 лева.	10레바입니다.
Скъпо е.	비싸네요.
Евтино е.	싸네요.

날짜 표현하기

Кой месец и коя дата е днес?	오늘은 몇 월 며칠이야?
Днес е първи април.	오늘은 4월 1일이야.
Кой ден е днес?	오늘은 무슨 요일이야?
Днес е четвъртък.	오늘은 목요일이야.

단어	뜻	비고
трябва	(한 개가) 필요하다	3과의 харесва와 같이 '~에게'에 해당되는 단어미형 대명사를 변화시켜 필요한 주체가 누구인지를 밝힌다. Трябва ми един домат. 나에게 토마토 1개가 필요하다.
трябват	(여러 개가) 필요하다	Трябват ти пет картофа. 너에게 감자 5개가 필요하다.
лев	레프	불가리아의 화폐 단위 남성 가산 복수형태가 적용된다. два лева 2 레바 불가리아 동전 = стотинка
скъп	비싼	성·수 변화 скъп–скъпа–скъпо–скъпи ↔ евтин–евтина–евтино–евтини 싼
щастлив	행복한	성·수 변화 щастлив–щастлива–щастливо–щастливи
роден на ~	~에 태어난	성·수 변화 роден–родена–родено–родени 날짜를 표기할 때 쓰이는 전치사 = на
Наистина ли?	진짜?	
Честит рожден ден!	생일 축하해!	Честито! 축하해!
нужда	필요	
нищо	아무것도 아니다	Не ми трябва нищо. 나에게 아무것도 필요하지 않다. 위의 예문처럼 불가리아어는 이중부정법을 사용한다.
искам	원하다	
зеленчук	채소	복수형(집합명사) зеленчуци
картоф	감자	
краставица	오이	
лук	양파	파 зелен лук
днес	오늘	
зает	바쁜	성·수 변화 зает–заета–заето–заети
вкусно	맛있다	성·수 변화 вкусен–вкусна–вкусно–вкусни 맛있는 ↔ безвкусно 맛이 없다
въпрос	질문, 문제	
урок	과	първи урок 1과 영어의 lesson과 같은 의미이다.
сладолед	아이스크림	
срок на годност	유통기한	

Ралица	Чеджун, изглеждаш щастлив!
Чеджун	Да. Днес имам рожден ден.
	Роден съм на 23-ти (двадесет и трети) октомври.
Ралица	Наистина ли? Честит рожден ден!
	Пожелавам ти здраве и щастие!
	Искам да ти купя подарък. Имаш ли нужда от нещо?
Чеджун	Не ми трябва нищо. Но искам да ям шопска салата.
Ралица	Аз ще ти приготвя вкъщи!
	Трябват ни 3 домата, две краставици, една глава лук и сирене.
Чеджун	Мерси много. Чакай! Кой ден е днес? Петък ли е?
	Да поканим и Хайонг и Петър!
	Може би не са заети тази вечер.
Ралица	Добра идея.
	Най-сетне четиримата ще се съберем заедно!

랄리짜	재준아, 기분 좋아 보인다!
재준	응. 오늘 내 생일이거든.
	나는 10월 23일에 태어났어.
랄리짜	정말? 생일 축하해!
	건강과 행복을 빌게!
	너에게 선물을 사주고 싶어. 뭐 필요한 게 있니?
재준	아무것도 필요하지 않아. 그런데 숍스카 샐러드가 먹고 싶어.
랄리짜	내가 집에서 만들어 줄게!
	토마토 3개, 오이 2개, 양파 1개 그리고 치즈가 필요해.
재준	정말 고마워. 잠깐만! 오늘 무슨 요일이지? 금요일인가?
	하영이랑 뻬떠르도 초대하자!
	아마도 오늘 저녁에 바쁘지 않을 거야.
랄리짜	좋은 생각이야.
	드디어 우리 4명이 함께 모이는구나!

불가리아는 작은 화폐단위(1, 2, 5, 10, 20, 50레바 등)을 사용하기 때문에 일상생활 속에서 큰 수는 거의 쓰이지 않습니다. 하지만 버스 번호를 말하거나 연도를 표현하기 위해서는 적어도 천 단위까지는 숙지해 두는 것이 좋습니다.

큰 수 표현

100	сто	700	седемстотин		…
200	двеста	800	осемстотин	9,000	девет хиляди
300	триста	900	деветстотин	10,000	десет хиляди
400	четиристотин	1,000	хиляда		…
500	петстотин	2,000	две хиляди	백만	милион
600	шестстотин	3,000	три хиляди	십억	милиард

A 수사 익히기

불가리아어의 수사는 기수(기본이 되는 수)와 서수(순서를 나타내는 수)로 나뉩니다.

● 기수 : 기본이 되는 수

0	нула	4	четири	8	осем
1	един-една-едно	5	пет	9	девет
2	два-две	6	шест	10	десет
3	три	7	седем		

숫자 1과 숫자 2는 성을 갖습니다.

[숫자 1]　**един** 남성　　**една** 여성　　**едно** 중성

[숫자 2]　**два** 남성　　**две** 여성, 중성

이들은 마치 형용사처럼 뒤에 오는 명사의 성에 자신의 성을 일치시킵니다.

един портокал 오렌지 한 개　　**едно зеле** 양배추 한 포기

* 딸기 두 개 = 여성 명사 **ягода** → **две** 사용. 복수형 **ягоди** ⇒ **две ягоди**

11	единадесет	14	четиринадесет	17	седемнадесет
12	дванадесет	15	петнадесет	18	осемнадесет
13	тринадесет	16	шестнадесет	19	деветнадесет

11~19에서는 영어의 **on**을 나타내는 전치사 **на**가 쓰입니다. 쉽게, десет(10) 위에 1부터 9까지의 수자가 얹어졌다고 보면됩니다.

едина**десет**　　= десет 위에 един　→ 11
деветна**десет** = десет 위에 девет　→ 19

20	двадесет	60	шестдесет
30	тридесет	70	седемдесет
40	четиридесет	80	осемдесет
50	петдесет	90	деветдесет

10 단위의 숫자에서는 1부터 9까지의 숫자와 десет(10) 사이에 곱하기가 있다고 보면 됩니다.

двадесет　　　= два 곱하기 десет　→ 20
деветдесет　　= девет 곱하기 десет → 90

앞에 제시된 11~19와 10 단위의 숫자가 아닌 21, 33 … 134, 2879 등 여러 덩어리로 구성된 숫자를 표현할 경우에는 영어의 **and**를 의미하는 접속사 **и**가 맨 마지막의 덩어리 앞에 쓰입니다.

21	= 이십 그리고 일	**двадесет и едно**
33	= 삼십 그리고 삼	**тридесет и три**
134	= 백 삼십 그리고 사	**сто тридесет и четири**
2879	= 이천 팔백 칠십 그리고 구	**две хиляди осемстотин седемдесет и девет**

주의 ☆

11~19까지의 숫자는 위의 방식처럼 '10 그리고 1'로 표현하면 안 됩니다.

11 ≠ 10 그리고 **1 ≠ десет и едно → едина**десет

● 서수 : 순서를 나타내는 수

1	първи–а–о–и	6	шести–а–о–и
2	втори–а–о–и	7	седми–а–о–и
3	трети–а–о–и	8	осми–а–о–и
4	четвърти–а–о–и	9	девети–а–о–и
5	пети–а–о–и	10	десети–а–о–и

불가리아어의 서수는 형용사와 마찬가지로 '남성–여성–중성–복수형'을 갖고 뒤에 오는 명사의 성에 자신의 성을 일치시킵니다.

първи въпрос 첫 번째 질문   **девето упражнение** 아홉 번째 연습문제

първа шапка 첫 번째 모자   **седми урок** 7과 = 일곱 번째 과

10보다 큰 숫자를 서수로 표현할 때에는 마지막에 오는 숫자를 서수 형태로 바꿔줍니다.

11 = 기수 **единадесет** → 마지막에 오는 **десет**을 서수로

: едина**десети**, –а, –о, –и

21 = 기수 **двадесет и едно** → 마지막에 오는 **едно**를 서수로

: двадесет и **първи**, –а, –о, –и

Ⓑ 남성 가산 복수형태

불가리아어에는 **много**(영어의 **many**를 의미)와 함께 쓰이는 일반적인 복수형 이외에 '남성명사'에
만 적용되는 독특한 복수형도 존재합니다. '남성 가산 복수형태'라고 불리는 이 형태는 다음의 경우에
사용됩니다.

    ① 남성명사 앞에 숫자가 오는 경우
    ② 남성명사 앞에 **колко**(영어의 how many, how much를 의미)가 오는 경우
    ③ 남성명사 앞에 **няколко**(영어의 some을 의미)가 오는 경우

'남성 가산 복수형태'는 남성명사가 '사물'을 나타내는지, '사람(직업)'을 나타내는지에 따라 다른 방식
으로 표현됩니다.

'사물'을 나타내는 남성명사	
숫자	
колко (얼마나)	'사물'을 나타내는 남성명사 + a 또는 я 삽입
няколко (몇몇의)	

Искам два сладоледa**.** 아이스크림 두 개를 원해요.

Колко сандвичa **искате?** 몇 개의 샌드위치를 원하세요?

Искаме няколко хлябa**.** 몇 개의 빵을 원해요.

a가 삽입되는 것이 일반적이나, 다음의 경우에는 **я**가 삽입됩니다.

    ① 사물을 나타내는 남성명사가 **й**로 끝나는 경우 → **й** 생략 후 **я** 삽입
    ② 3개의 남성명사 = **кон** 말, **път** 길, **сън** 꿈

        Виждам три трамвая**.** 세 대의 트램 버스를 보고 있어요.

        Трябват му три коня**.** 그에게는 말 세 마리가 필요해요.

        Помня само няколко съня**.** 몇 개의 꿈만 기억나요.

※ 사물을 나타내는 여성명사와 중성명사에서는 '숫자, **колко**, **няколко**'와 상관없이 'a 또는 я 삽입'이 아닌 명사의 일반적인
복수형이 쓰입니다.

    [여성명사]   ябълка   → **Трябват ми две** ябълки**.** 나에게는 사과 두 개가 필요해요.
    [중성명사]   пиле   → **Колко** пилета **ви трябват?** 몇 마리의 닭이 필요하세요?

'사람(직업)'을 나타내는 남성명사에서는 숫자가 조금 더 복잡한 양상을 갖습니다.

'사람(직업)'을 나타내는 남성명사		
숫자	2, 3, 4, 5, 6으로 끝나는 숫자	**+ ма** два**ма**, три**ма**, четири**ма**, пети**ма**, шести**ма**	일반적인 복수형
	7, 8, 9, 0, 1로 끝나는 숫자 (0은 10, 20, 30, 40… 처럼 십단위 숫자를 뜻함)	ма 추가 없이 바로 일반적인 복수형이 쓰임	
колко (얼마나)			
няколко (몇몇의)			

Там има петима студенти. 저기에 다섯 명의 대학생이 있어.

Там има четиридесет и един ученици. 저기에 마흔 한 명의 학생이 있어.

Колко преподаватели познавате? 몇 명의 선생님을 알고 계세요?

※ 수(숫자) 익히기에서 살펴본 것처럼 11~19는 −надесет으로 형성되는 숫자입니다. −две, −три, −четири, −пет,
−шест가 아닌 десет으로 끝나기 때문에 12, 13, 14, 15, 16은 「+ −ма」가 적용되지 않습니다.

12명의 대학생   дванадесет студенти   ≠   дваманадесет студенти
22명의 대학생   двадесет и двама студенти

※ 사람(직업)을 나타내는 여성명사와 중성명사에서는 선행하는 숫자가 2~6일지라도 「+ −ма」를 적용하지 않습니다.

[여성명사]   лекарка   → Там има **две** лекарки. 저기에 두 명의 (여)의사가 있어.
[중성명사]   момче   → Познавате ли **шест** момчета? 여섯 명의 소년을 알고 계세요?

'사람(person)'을 나타내는 단어는 경우에 따라 총 세 가지의 형태로 나뉘어 사용됩니다.

'사람(person)'을 나타내는 남성명사		
	1	**човек** (– person 사람, 개인)
숫자	2, 3, 4, 5, 6으로 끝나는 숫자	**+ ма** два**ма**, три**ма**, четири**ма**, пети**ма**, шести**ма**	души
	7, 8, 9, 0, 1로 끝나는 숫자 (0은 10, 20, 30, 40… 처럼 십단위 숫자를 뜻함)	ма 추가 없이 바로 일반적인 복수형이 쓰임	души
колко (얼마나)		души
няколко (몇몇의)		
много (많은)		хора (= people 사람들)

един човек 한 명   **двама души** 두 명   **двадесет и един души** 스물한 명
много хора 많은 사람들

ⓒ 날짜 표현 방법 익히기

불가리아어는 '일, 월, 년'의 순으로 날짜를 표기합니다.

● **'일(дата)'을 표현할 때에는 서수사 '남성'을 사용합니다.**

불가리아어에서 1~12월까지의 모든 월(месец)이 남성명사이기 때문에 이에 선행하는 일(дата)
도 성을 일치시켜 남성을 사용합니다.

1월 2일	**втори януари**
12월 22일	**двадесет и втори декември**

'일(дата)'을 숫자로 표현할 경우에는 '–'와 서수의 마지막 두 글자를 함께 표시합니다.

1월 2일	**2-ри януари**
12월 23일	**23-ти декември**

● **불가리아어의 월(месец) 익히기**

불가리아어의 '월(месец)'을 나타내는 단어들은 영어의 단어들과 상당히 비슷합니다.

1월 :	[영어] January	=	[불가리아어] **януари**
5월 :	[영어] May	=	[불가리아어] **май**

> **주의** ☆
>
> 영어에서는 '월'을 나타낼 때 첫 글자를 대문자로 쓰지만, 불가리아어에서는 소문자를 사용합니다.

월 (месец)							
1월	януари	4월	април	7월	юли	10월	октомври
2월	февруари	5월	май	8월	август	11월	ноември
3월	март	6월	юни	9월	септември	12월	декември

● **연도(година) 표현하기**

'년(година)'을 표현할 때에는 서수사 '여성'을 사용합니다.

: 년(година)을 나타내는 불가리아어 година가 여성명사이기 때문에 이에 선행하는 서수사도
성을 일치시켜 여성을 사용합니다.

1992년	**хиляда деветстотин деветдесет и втора година**

● 불가리아어의 요일(**ден**) 익히기

불가리아의 요일(**ден**) 중에는 서수를 사용한 단어들이 있습니다.

화요일 = 일주일의 두 번째 날	втор**и-а-о-и**	→ втор**ник**
목요일 = 일주일의 네 번째 날	четвърт**и-а-о-и л**	→ четвърт**ък**
금요일 = 일주일의 다섯 번째 날	пет**и-а-о-и**	→ пет**ък**

<table>
<tr><td colspan="4" align="center">요일 (ден)</td></tr>
<tr><td>월요일</td><td>понеделник</td><td>금요일</td><td>петък</td></tr>
<tr><td>화요일</td><td>вторник</td><td>토요일</td><td>събота</td></tr>
<tr><td>수요일</td><td>сряда</td><td>일요일</td><td>неделя</td></tr>
<tr><td>목요일</td><td>четвъртък</td><td></td><td></td></tr>
</table>

날짜와 월, 연도는 '일, 월, 년'의 순서가 엄격히 지켜지지만, 요일의 위치에 대해서는 별다른 규칙이 없습니다. 괄호와 함께 쓰이는 요일 표현이 '일, 월, 년' 중 어느 곳에 놓여도 상관없지만 가장 이상적인 위치는 '일, 월, (요일), 년'입니다.

2015년 3월 5일 일요일

→ 5-ти март (неделя), 2015 година

(пети)　　　　　　　(две хиляди и петнадесета)

1993년 1월 26일 화요일

→ 26-ти януари (вторник), 1993 година

(двадесет и шести)　　　　　(хиляда деветстотин деветдесет и трета)

'~요일에'를 표현할 때에는 전치사 **в**가 사용됩니다.

월요일에 в понеделник　　　목요일에 в четвъртък　　　토요일에 в събота

하지만, 화요일은 **в**로 시작하기 때문에 **в**가 아닌 **във**가 사용됩니다.

화요일에 във вторник

연습문제

1. 다음 그림과 올바른 문법 형태의 불가리아어를 연결해 보세요.

(1) 

- ⓐ два банана
- ⓑ два банани

(2) 

- ⓐ два лекара
- ⓑ двама лекари

(3) 

- ⓐ четири лука
- ⓑ четири глави лук

(4) 

- ⓐ две краставици
- ⓑ два краставици

(5) 

- ⓐ едно морков
- ⓑ един морков

2. 다음 〈보기〉와 같이 밑줄 친 숫자를 불가리아어로 풀어서 적어 보세요.

| 보기 | Срокът му на годност е до <u>27</u>-ми януари. ➡ двадесет и седми |

(1) В магазина работят <u>4</u> продавачки.

➡ ___________________________________

(2) Трябват му <u>6</u> студенти.

➡ ___________________________________

(3) През <u>1997</u> година съм родена.

➡ ___________________________________

(4) Струва <u>100</u> лева и <u>50</u> стотинки.

➡ ___________________________________

3. 다음 〈보기〉와 같이 불가리아어를 해석해 보세요.

| 보기 |　　Ще ти приготвя баница.　➡ 너에게 바니짜를 만들어 줄게.

(1) Искам четири коня за подарък.

　➡ ____

(2) Много хора познават този студент.

　➡ ____

(3) Колко души са в магазина?

　➡ ____

(4) Не е скъпо. Евтино е!

　➡ ____

4. 녹음을 듣고 빈칸을 채워 보세요.　　　　　　　　　　　　　🔘 MP3 **04-4**

| Чеджун | Колко струват тези ____________ ?
| Продавач | Струват 10 ____________ и 30 ____________ .
| Чеджун | Не е ____________ . ____________ ми една торбичка.
| Продавач | Заповядайте. Задръжте рестото!
| Чеджун | Благодаря. ____________ вечер!

불가리아 탐방기

쇼스카 샐러드(шопска салата)

불가리아는 아름다운 자연을 바탕으로 목축업이 발달한 나라입니다. 양 목축을 통해 얻은 양젖을 이용하여 요구르트, 치즈 등의 다양한 유제품을 생산합니다. 불가리아가 장수의 나라라고 알려진 데에 가장 크게 기여한 '요구르트кисело мляко'와 '치즈'는 불가리아인들의 삼시 세끼에 빠지지 않는 주요 식재료가 됩니다. 불가리아 요구르트는 한국 요구르트와 다르게 대용량(500g)으로 판매되며 설탕이 전혀 가미되지 않은 아주 신 맛을 띄고 있습니다. 시중에 판매되는 요구르트가 아닌 가정에서 직접 유산균을 발효시켜 요구르트를 만들어 먹는 불가리아인들도 많습니다. 인접하고 있는 그리스와 터키의 영향을 받아 샐러드의 종류도 수십 가지로 다양하며 양고기와 돼지고기 등을 사용한 육류 요리를 통해 불가리아 음식은 다채롭게 구성됩니다.

불가리아의 가장 대표적인 샐러드로는 '쇼스카 샐러드шопска салата'를 들 수 있습니다. 마치 불가리아 국기에 들어가는 하얀색, 초록색, 빨간색을 상징하는 것처럼 치즈·오이·토마토가 주재료가 되는 이 샐러드는 불가리아 전역에서 쉽게 볼 수 있는 대표적인 요리입니다. 한국의 오이 냉국과 비슷하지만 시큼한 맛이 나는 '타라토르таратор' 또한 입맛을 돋우는 불가리아의 대표적인 식전요리입니다.

불가리아인들이 자주 찾는 육류 요리로는 한국의 너비아니와 비슷하지만 짠 맛이 강한 '큐프테кюфте'와 미트볼과 비슷한 '케밥체кебапче'가 있습니다. 대부분의 육류 요리에는 감자·콩·고추·토마토 등의 채소가 곁들여집니다. 조금 짠 것만 제외하면 육류음식 문화는 한국과 거의 비슷합니다.

식후에 시원하게 아이스커피를 마시는 한국인들과 다르게 불가리아인들은 푹푹 찌는 더운 여름날에도 뜨거운 커피를 마십니다. 실제로 불가리아 대부분의 카페에서는 아이스 아메리카노를 팔지 않기 때문에 아이스 아메리카노가 그리울 때는 에스프레소와 물 한 병을 시키고 얼음을 부탁하여 직접 제조해 마셔야 합니다.

УРОК

05

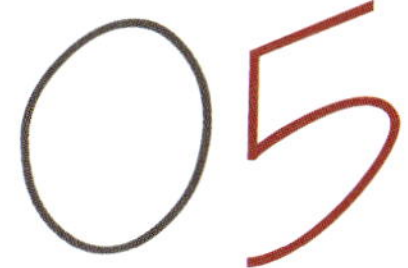

Живея в малката стая.

저는 작은 방에 살고 있어요.

학습 포인트

친구의 집에 방문하면 그 친구가 어떻게 사는지, 무엇을 좋아하는지 등을 알게 되어 더욱 깊은 사이로 발전할 수 있습니다. 특정 대상이나 대화 참가자 모두가 인지하고 있는 대상에 붙어 '그 ~'로 해석되는 관사를 통해 대상을 구체화하는 방법을 익혀봅시다.

주요 문법

- 명사의 관사
- 형용사의 관사
- 형용사의 비교급과 최상급

패턴

이 과에서 배울 주요 표현을 미리 들어 보세요.

관사 표현하기

Къде е тоалетната? — 화장실이 어디에요?

В шкафа има много обувки. — 장 안에 신발이 많이 있어.

Ето стаята. — 여기가 방이야.

비교급과 최상급

Кухнята е по-малка от хола. — 부엌은 거실보다 작아.

Спалнята е най-топлата стая. — 침실이 제일 따뜻한 방이야.

전치사 за의 쓰임

чаша за чай — 차를 위한 잔 = 찻잔

шкаф за чаши — 찻잔을 위한 장 = 찻장

клечки за хранене — 식사를 위한 막대기들 = 젓가락

단어	뜻	비고
къща	집	단독주택
квартира		아파트 한 채 (영어의 flat과 같은 의미)
покана	초대, 초대장	
при това	게다가	
етаж	층	전치사 на와 함께 쓰인다.
спалня	침실	[동사] спя 자다
тоалетна	화장실	볼 일 보는 화장실
баня		씻는 화장실
кухня	부엌, 요리하는 곳	трапезария 식탁이 있는 곳, 밥 먹는 곳
хол	거실	
антре	현관	коридор 복도
балкон	발코니	
безопасен	안전한	성·수 변화 безопасен–безопасна–безопасно–безопасни ↔ опасен–опасна–опасно–опасни 위험한
в(във)	~안에	в 뒤에 в 또는 ф로 시작하는 단어가 올 경우 във이 쓰인다. във Варна 바르나에서
с(със)	~와 함께	с 뒤에 с 또는 з로 시작하는 단어가 올 경우 със이 쓰인다. със Софронис 소프로니스와 함께
виждам	보다	
най-много	가상 낳이	
на	~위에, ~에	на пода 바닥에　　на стената 벽에
картина	그림	
одеяло	담요	
половин(а)	반, 절반	
слънце	해	луна 달　　Земя 지구
шкаф	장	шкафче 작은 장 남성명사에 че를 붙이면 원래의 뜻보다 작은 개념이 된다. стол → столче 작은 의자
от	~보다	

Петър	Хайонг, благодаря Ви за поканата.
	Леле… Каква хубава квартира!
Хайонг	Да, много е модерна и светла.
	При това е безопасна, защото се намира на четвъртия етаж.
Петър	Вярно. Тук е холът, а това е кухнята, нали?
	О, вдясно има 2 спални. В коя стая живеете?
Хайонг	В малката. Ето я.
	Имам си масичка, етажерка за книги и закачалка за дрехи.
Петър	Виждам много картини на стената.
Хайонг	Да, най-много ми харесва най-голямата картина в центъра.
Петър	А защо има одеяло на пода?
Хайонг	Почти половината от корейците спят на пода.
	Такава е корейската традиция.

뻬떠르	하영, 초대해줘서 고마워요.
	우와… 좋은 집이네요!
하영	네, 현대적이고 밝은 집이죠.
	게다가 4층에 자리하고 있어서 안전하기까지 해요.
뻬떠르	맞아요. 여기가 거실이고, 이게 부엌이네요, 맞죠?
	오, 오른쪽에 침실 2개가 있네요. 어느 방에 살아요?
하영	작은 방이요. 여기예요.
	제게는 작은 탁자, 책장, 옷 행거가 있어요.
뻬떠르	벽에 그림이 많이 보이네요.
하영	네, 가운데에 있는 가장 큰 그림을 제일 좋아해요.
뻬떠르	바닥에 왜 담요가 있죠?
하영	거의 절반 정도의 한국인들은 바닥에서 자요.
	그런 것이 (바로) 한국의 전통이죠.

불가리아어에서는 위, 아래, 오른쪽, 왼쪽, 앞, 뒤를 나타내는 단어들과 전치사를 결합하여 '위치' 또는 '방향'을 표현합니다.

위치	형용사 성·수 변화	위치, 방향 표현 시 사용될 단어
위	горен-горна-горно-горни	горе
아래	долен-долна-долно-долни	долу
오른쪽	десен-дясна-дясно-десни	дясно
왼쪽	ляв-лява-ляво-леви	ляво
앞	преден-предна-предно-предни	пред
뒤	заден-задна-задно-задни	зад

■ 전치사 в 사용 ~에 (위치 표현)　　**■ 전치사 от 사용** ~에 (위치 표현)　　**■ 전치사 на 사용** ~로 (방향 표현)

горе	–	горе	отгоре 위에	горе	нагоре 위로
долу	–	долу	отдолу 아래에	долу	надолу 아래로
дясно	вдясно 오른쪽에	дясно	отдясно 오른쪽에	дясно	надясно 오른쪽으로
ляво	вляво 왼쪽에	ляво	отляво 왼쪽에	ляво	наляво 왼쪽으로
пред	–	пред	отпред 앞에	пред	напред 앞으로
зад	–	зад	отзад 뒤에	зад	назад 뒤로

A 명사의 관사

● **관사의 사용**

① 나도 알고 상대방도 아는 구체적인 대상에 대해 표현할 때

② 이미 언급된 단어가 반복되어 사용될 때

③ 세상에 단 하나뿐인 자연물을 지칭할 때 : **слънце**то 해(태양), **луна**та 달, **Земя**та 지구

● **관사의 형태**

명사의 관사에도 '남성·여성·중성·복수형'이 존재합니다. 명사의 성·수와 동일한 관사 형태를 명사 바로 뒤에 띄어쓰기 없이 첨가합니다.

남성 관사만 '주격 관사(은/는/이/가)'와 '목적격 관사(을/를)'가 다른 형태로 나뉩니다.

	주격 관사 (은/는/이/가)	목적격 관사 (을/를)
남성	–ът	–а
	–ят	–я

шкаф 찬장 → **шкаф**ът (그) 찬장은   **балкон** 발코니 → **балкон**ът (그) 발코니는
　　　　　　шкафа (그) 찬장을   　　　　　　**балкон**а (그) 발코니를

※ –ът와 –а 쌍이 쓰이는 것이 일반적이나, 다음의 경우에는 –ят와 –я 쌍이 쓰입니다.

① 사람의 직업을 나타내는 명사 중 –ар, –тел로 끝나는 경우

преподавател 선생님 → **преподавател**ят (그) 선생님은 / **преподавател**я (그) 선생님을

② –й로 끝나는 경우 : **чай** 차 → **ча**ят (그) 차는 / **ча**я (그) 차를

여성, 중성, 복수형은 '주격'과 '목적격'이 동일한 관사형태를 갖습니다.

	주격 관사	목적격 관사
여성	–та	
중성	–то	
복수형	(복수형 어미가 a, я 일 때) –та / (복수형 어미가 e, и 일 때) –те	

стая 방　　　 → **стая**та (그) 방은, (그) 방을
бюро 탁자　 → [복수형] **бюра** : [관사] **бюра**та (그) 탁자들은, (그) 탁자들을

● **관사 사용 시 주의사항**

⑴ **има, няма** 형태나 **имам, нямам** 동사가 있는 경우에는 관사가 쓰일 수 없습니다.

В стаята има легло и закачалка за дрехи. (그) 방 안에 침대와 옷걸이가 있어요.

⑵ **전치사 뒤에 오는 명사에 관사를 붙일 경우에는 목적격 관사가 쓰입니다.**

В гардероба има много дрехи. (그) 옷장 안에 많은 옷이 있어요.

⑶ **대상의 위치, 존재 여부를 나타낼 때는 「ето+명사+목적격 관사」가 쓰입니다.**

Ето компютъра. 여기에 (그) 컴퓨터가 있어요.

Ето картината. 여기에 (그) 그림이 있어요.

Ⓑ 형용사의 관사

형용사의 관사는 명사의 관사보다 간단합니다. 명사의 관사와 마찬가지로 남성 형용사만 다른 형태의 주격 관사와 목적격 관사를 갖습니다.

	주격 관사	목적격 관사
남성	-(и)ят	-(и)я
여성	-та	
중성	-то	
복수형	-те	

> **주의** ☆
>
> 남성 형용사가 자음으로 끝나는 경우에는 **и**가 쓰이지만, **и**로 끝나는 경우에는 **и**가 중복되기 때문에 생략됩니다.
>
> **хубав** 멋진 → хубав-**и**ят, хубава-та, хубаво-то, хубави-те
>
> **български** 불가리아의 → български-ят, българска-та, българско-то, български-те

※ 「형용사+형용사+ … +명사」가 올 경우에는 맨 앞 형용사에만 관사가 붙습니다.

작고 아늑한 방 **малка уютна стая** → (그) 작고 아늑한 방은/을 **малката уютна стая**

Ⓒ 형용사의 비교급과 최상급

형용사의 비교급은 형용사 앞에 **по–**를 붙이고, 최상급은 형용사 앞에 **най–**를 붙인 후 형용사에 관사를 첨가함으로써 형성됩니다.

남성 형용사   **нисък** = 키가 작은, 낮은 → **по-нисък** 더 낮은, **най-ниският** 가장 낮은

[비교급]   **Крум е по-висок от Росен.** 크룸은 로센보다 키가 더 크다.

[최상급]   **Соня е най-високата студентка.** 쏘냐는 가장 키가 큰 여학생이다.

1. 다음 〈보기〉와 같이 제시된 단어들에 알맞은 관사 형태를 붙여 보세요.

   (단, 남성명사의 경우 주격 관사와 목적격 관사를 모두 쓰세요.)

   > | 보기 |　телефон　➡ 주격 관사 телефон**ът** / 목적격 관사 телефон**а**

   (1) шкафове　　　　　　　　➡ ________________

   (2) момичета　　　　　　　　➡ ________________

   (3) лекар　　　　　　　　　　➡ ________________

   (4) петел　　　　　　　　　　➡ ________________

   (5) телевизор　　　　　　　　➡ ________________

   (6) антре　　　　　　　　　　➡ ________________

2. 다음 〈보기〉와 같이 하나로 연결된 문장을 알맞은 곳에서 띄어쓰기해 보세요.

   > | 보기 |　Втоалетнатаиматоалетнахартияитоалетначиния.
   > ➡ В тоалетната има тоалетна хартия и тоалетна чиния.

   (1) Влявосабанятаитрапезарията.

   ➡ ________________________________

   (2) Азживеянавторияетаж.

   ➡ ________________________________

   (3) Соняепо-нискаотКрум.

   ➡ ________________________________

   (4) Къдеепреподавателят?

   ➡ ________________________________

3. 다음 〈보기〉와 같이 불가리아어를 해석해 보세요.

| 보기 | На кой етаж живеете? ➡ 몇 층에 사세요?

(1) В центъра на стаята има столче.

   ➡ ____

(2) Софронис е най-умното момче.

   ➡ ____

(3) Виждам много вилици.

   ➡ ____

(4) Такава е корейската традиция.

   ➡ ____

4. 녹음을 듣고 빈칸을 채워 보세요.   🔘 MP3 05-4

(1) A: Къде живееш?
    B: Живея в _____________ блок.

(2) A: Защо спиш _____________ _____________?
    B: Понеже това е нашата _____________.

(3) A: Каква _____________ стая имаш!
    B: Мерси.

(4) A: Колко е наемът?
    B: 300 лева на месец. _____________-евтино от Корея.

· 집기류 ·

거실과 부엌에서 자주 사용되는 사물의 명칭을 알아두면 대화할 때 좀 더 다양한 내용들로 표현할 수 있습니다. 기본적인 명칭을 익혀 보세요.

● 거실 хол

① 텔레비전	телевизор	⑤ 벽난로	камина
② 전화기	телефон	⑥ 램프	лампа
③ 장식장	шкаф	⑦ 소파	диван
④ 카펫	килим	⑧ 화병	ваза с цветя

● 부엌 кухня

① 냉장고	хладилник	⑤ 숟가락	лъжица
② 식탁	маса	⑥ 포크	вилица
③ 의자	стол	⑦ 나이프	нож
④ 물컵	чаша за вода	⑧ 젓가락	клечки за хранене

Това е моето семейство!

나의 가족이야!

학습 포인트

외로운 타지 생활 중 나를 챙겨주는 친구와 친구의 가족들이 있다는 게 얼마나 감사한 일인지 모릅니다. 소유격 대명사를 통해 가족을 소개하는 방법을 배워보겠습니다.

주요 문법

- 소유격 대명사
- 소유격 대명사를 이용한 가족 관계 표현법
- 지시대명사

패턴

이 과에서 배울 주요 표현을 미리 들어 보세요.

가족 소개하기

Тя е майка ми.	그녀는 내 어머니야.
Той е моят баща.	그는 내 아버지야.
Те са родителите на Петър.	그들은 뻬떠르의 부모님이야.
Баба ѝ е с внучките на Иван.	그녀의 할머니는 이반의 손녀들과 함께 있다.

지시대명사

Познаваш ли тази жена?	이 여자를 아세요?
Онази жена познавам.	저 여자를 알아요.

이것은 ~입니다.

Какво е това?	이것은 무엇입니까?
Това е неговият велосипед.	이것은 그의 자전거입니다.
Това са играчките му.	이것은 그의 장난감들입니다.

단어	뜻	비고
Заповядайте!	들어오세요!	[다른 뜻] (건네주면서) 여기 있습니다!
чувствам се ~	~감정을 느끼다	чувство 감정
букет	꽃다발	
изненада	서프라이즈	[감탄사] Каква приятна изненада! 기분 좋은 서프라이즈군요!
запознавам ~	~를 소개시키다	запознаваме се (우리가) 서로 소개하다, 서로 인사하다
вече	이미	
вече не	더 이상	
леля	이모, 고모	이모와 고모는 леля로 통일되지만 삼촌과 외삼촌은 각각 чичо와 вуйчо로 구분됩니다.
баба	할머니	친할머니와 외할머니를 구분하기 위해 아래와 같은 표현이 있으나 보통 두 할머니 모두 баба라고 씁니다. 친할머니(아버지 쪽 할머니) баба по бащина линия 외할머니(어머니 쪽 할머니) баба по майчина линия
родители	부모님	아버지, 어머니 두 분을 지칭하기 때문에 복수형으로 쓰인다.
благодарение на	~덕분에	заради, поради ~때문에
на	~의	전치가 на가 '위치'를 나타낼 때 = ~위에, ~에 전치사 на가 '소유'를 나타낼 때 = ~의 Тази кола е на Соня. 이 차는 쏘냐의 것이다.
семейство	가족	
роднина	친척	
кола	자동차	велосипед 자전거 мотоциклет 오토바이
играчка	장난감	игра 게임
възглавница	베개	глава 머리
снимка	사진	
джоб	주머니	
списък	목록, 리스트	
животно	동물	복수형 животни ↔ 식물 растение
произхождам от	~에 기원하다	произход 기원, 출처

회화

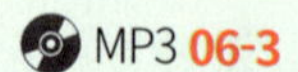

Петър	Добре дошли в нашия дом! Заповядайте!
	Чувствайте се като у дома.
Хайонг	Благодаря. Букетът е за майка Ви.
Петър	Каква приятна изненада!
	Ще Ви запозная със семейството ми.
Хайонг	Здравейте. Казвам се Хайонг.
Майката	Вече знам името Ви. Приятно ми е да се запознаем.
	Това е съпругът ми, а това е най-малкият ми син - Иван.
Петър	Онази жена с децата му е леля ми.
Хайонг	Това баба Ви и дядо Ви ли са?
Петър	Да. Те са родителите на майка ми.
Хайонг	Много ми липсват моите родители, но благодарение на вас, вече не се чувствам самотна.

뻬떠르	우리 집에 온 걸 환영합니다! 들어오세요!
	(당신) 집처럼 편하게 계세요.
하영	감사합니다. 이 꽃다발은 당신의 어머니를 위한 거예요.
뻬떠르	기분 좋은 서프라이즈군요!
	제 가족을 소개할게요.
하영	안녕하세요. 제 이름은 하영입니다.
어머니	이미 당신의 이름을 알고 있어요. 만나서 반가워요.
	이 분은 제 남편이고, 이 아이는 제 막내아들인 이반이에요.
뻬떠르	그(이반)의 아이들과 함께 있는 저 여자는 제 이모입니다.
하영	이분들은 당신의 할머니와 당신의 할아버지인가요?
뻬떠르	네. 제 어머니의 부모님이시죠.
하영	부모님이 많이 보고 싶지만, 당신들 덕분에 이제는 더 이상 외롭다고 느끼지 않아요.

'~가 보고싶다'라는 표현은 **липсвам**(없다, 부족하다) 동사의 인칭변화 형태와 '~에게'에 해당되는 단어미형 대명사를 사용합니다. 직역하면 '~가 ~에게 없다'이지만 이는 곧 '~가 ~곁에 없어서 보고싶다'로 이해될 수 있습니다. 따라서 '없다, 부족하다' 동사의 인칭은 '~은/는/이/가'에 해당하는 보고싶은 대상의 인칭과 일치됩니다.

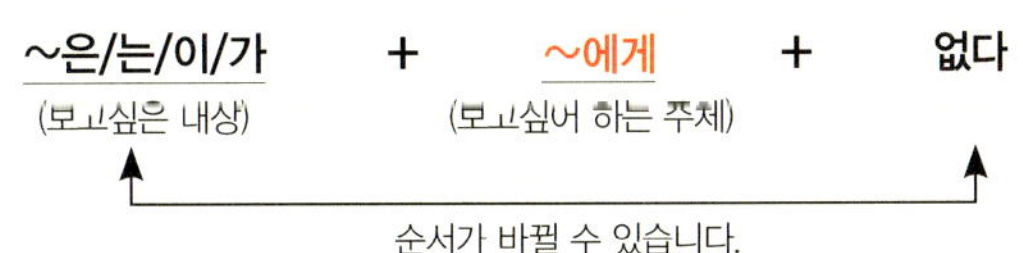

■ **липсвам**의 인칭변화 형태 7과 내용 참고

аз	липсвам	ние	липсваме
ти	липсваш	вие	липсвате
той/тя/то	липсва	те	липсват

Ти ми липсваш. 너는 나에게 없다. = 나는 네가 보고싶다.

Липсва й Росен. 로센은 그녀에게 없다. = 그녀는 로센이 보고싶다.

Липсват ни Росен и Крум. 로센과 크룸은 우리에게 없다. = 우리는 로센과 크룸이 보고싶다.

Ⓐ 소유격 대명사

불가리아어에는 소유를 나타내는 대명사가 '단어미형'과 '장어미형'으로 나뉘어 있습니다.
단어미형 소유격 대명사는 「명사＋관사＋대명사」의 어순을 갖는 반면, 장어미형 소유격 대명사는
「대명사＋관사＋명사」의 어순을 갖습니다.

[단어미형 소유격 대명사]　**квартирата ми** 나의 집

[장어미형 소유격 대명사]　**моята квартира** 나의 집

의미	단어미형	장어미형	의미	단어미형	장어미형
나의	ми	мой-моя-мое-мои	그것의	му	негов-негова-негово-негови
너의	ти	твой-твоя-твое-твои	우리의	ни	наш-наша-наше-наши
그의	му	негов-негова-негово-негови	너희들의, 당신(들)의	ви	ваш-ваша-ваше-ваши
그녀의	ѝ	неин-нейна-нейно-нейни	그들의	им	техен-тяхна-тяхно-техни

> **주의**
>
> • '그녀의'를 의미하는 단어미형 대명사 ѝ는 접속사 и와 구분하기 위해 알파벳 위에 (ˋ) 표시를 합니다.
>
> • '그의'와 '그것의'의 형태가 동일하기 때문에 앞 문맥을 통해 대명사가 어떤 대상을 대체하고 있는지 파악해야 합니다.
>
> **Познаваш ли онзи студент?** 이 학생을 아니?
> → **Да. И гаджето му познавам.** 응. 그의 애인도 알아.
>
> **Харесва ли ти това перде?** 이 커튼이 네 마음에 드니?
> → **Да. Особено ми харесва цената му.** 응. 특히 그것의 가격이 내 마음에 들어.
>
> • 2인칭 복수형에서 '당신' 한 명에 대한 존칭 표현을 쓸 경우에는 단어미형과 장어미형 모두 대문자로 시작합니다.
> **Къде е дъщеря ви?** 너희들(당신들)의 딸은 어디에 있나요?
> **Къде е дъщеря Ви?** 당신의 딸은 어디에 있나요?

※ 소유격 대명사는 '나의 ~', '너의 ~'처럼 대상을 한정하는 기능을 갖습니다. 따라서 소유격 대명사
단어미형으로부터 수식을 받는 명사에는 관사가 첨가됩니다.

나의 베개	възглавница ми	(X)	→ възглавницата ми	(O)
그의 창문들	прозорци му	(X)	→ прозорците му	(O)
우리의 아이들	деца ни	(X)	→ децата ни	(O)

※ 소유격 대명사 장어미형은 '남성, 여성, 중성, 복수형'을 모두 가지며 형용사와 같은 방식으로 관사를 첨가합니다.

너의 오토바이　**твоят мотоциклет**　→ 소유격 대명사 장어미형의 мой와 твой는 й를 삭제하고,
형용사 관사 어미인 -ят, -я를 첨가합니다.

그의 사진	**нéговата снимка**
그녀의 침대	**нéйното легло**
그녀의 주머니들	**нéйните джобове**

Ⓑ 소유격 대명사를 이용한 가족 관계 표현법

일반적으로 소유격 대명사 단어미형은 관사가 붙은 명사와 쓰이지만, 가족 관계를 나타내는 단어는
예외적으로 관사 없이 소유격 대명사 단어미형으로부터 수식됩니다.

나의 아버지	**баща ми**	(O)	→ **баща́та ми**	(X)
너의 어머니	**майка ти**	(O)	→ **ма́йката ти**	(X)
그의 할머니	**баба му**	(O)	→ **ба́бата му**	(X)

● 가족 관계이지만 관사가 붙는 경우

⑴ **무조건** 관사가 붙어야만 하는 가족 관계 단어들

그들의 아들	**син им**	(X)	→ **синъ́т им**	(O)
그녀의 남편	**съпруг ѝ**	(X)	→ **съпру́гът ѝ**	(O)
그의 아내	**съпруга му**	(X)	→ **съпру́гата му**	(O)
우리의 손자	**внук ни**	(X)	→ **вну́кът ни**	(O)
너희들의 손녀	**внучка ви**	(X)	→ **вну́чката ви**	(O)

⑵ **가족 관계가 복수형으로 쓰이는 경우**

나의 할아버지들	**дя́довци ми**	(X)	→ **дя́довците ми**	(O)
너의 삼촌들	**чи́човци ти**	(X)	→ **чи́човците ти**	(O)
그의 이모들, 고모들	**ле́ли му**	(X)	→ **ле́лите му**	(O)
그들의 아들들	**сино́ве им**	(X)	→ **сино́вете им**	(O)

⑶ **소유격 대명사 장어미형이 쓰이는 경우**

너의 어머니	**майка ти**	(O)	→ **тво́ята майка**
그들의 아들	**синъ́т им**	(O)	→ **те́хният син**

형용사와 명사 외에 소유격 대명사까지 포함할 경우 다음의 어순을 따릅니다.

> 단어미형 사용 시 : 형용사 + 관사 + 소유격 대명사 단어미형 + 명사
> 장어미형 사용 시 : 소유격 대명사 장어미형 + 관사 + 형용사 + 명사

| 아름다운 어머니 | красива майка | → | 나의 | → | 나의 아름다운 어머니 | красивата ми майка |
| 나이 드신 할머니 | стара баба | → | 우리의 | → | 우리의 나이 드신 할머니 | нашата стара баба |

소유격 대명사 단어미형은 명사 뒤에 위치하지 않고, 문장 앞 쪽으로 옮겨져 **съм** 동사와 함께 쓰이기도 합니다. 하지만 이 경우, 명사에 붙어있던 관사가 떨어져 나가며 이로 인해 구체화되었던 대상이 일반적인 대상(~에게 어떤 존재인지)으로 변하게 됩니다.

3인칭 단수(**той/тя/то**)의 **съм** 동사 형태인 **е**를 제외한 모든 형태에서는 **съм** 동사 뒤에 소유격 대명사 단어미형이 위치합니다.

аз	съм + 소유격 대명사 단어미형	ние	сме + 소유격 대명사 단어미형
ти	си + 소유격 대명사 단어미형	вие	сте + 소유격 대명사 단어미형
той/тя/то	소유격 대명사 단어미형 + е	те	са + 소유격 대명사 단어미형

우리는 네 친구들이야.

Ние сме приятелите ти.　　　　= 우리는 네가 소유하고 있는 네 친구들이야.

→ **Ние сме ти приятели.**　　　　= 우리는 너에게 (즐거움을 주고 함께 놀아주는 일반적인) 친구들이야.

당신은 제 선생님입니다.

Вие сте преподавателят ми.　　　　= 당신은 제가 소유하고 있는 제 선생님입니다.

→ **Вие сте ми преподавател.**　　　　= 당신은 제게 (가르침을 주시는) 선생님(과 같은 존재)입니다.

그녀는 내 어머니야.

Тя е майка ми.　　　　= 그녀는 내가 소유하고 있는 내 어머니야.

→ **Тя ми е майка.**　　　　= 그녀는 나에게(내 입장에서 봤을 때 그 존재가 또는 그 직업이) 어머니야.

ⓒ 지시대명사

지시대명사 '이것, 저것'은 형용사처럼 3개의 성(**род**)과 복수형을 갖습니다. 「형용사＋명사」 구문과
마찬가지로 후행하는 명사의 성·수에 따라 지시대명사의 성·수를 일치시킵니다.

	남성	여성	중성	복수형
이, 이것	този	тази	това	тези
저, 저것	онзи	онази	онова	онези

이 어린이 의자   **това детско столче**   →   이 어린이 의자들 **тези детски столчета**

저 장난감   **онази играчка**   →   저 장난감들 **онези играчки**

저 아기   **онова бебе**   →   저 아기들 **онези бебета**

Този мъж тук е г-н Петров, а онази жена там е г-жа Петрова.

여기 계신 이 남자 분은 뻬뜨로프씨이고, 저기 계신 저 여자 분은 뻬뜨로바씨입니다.

지시대명사가 대상을 한정(구체화)시키는 기능이 있기 때문에 뒤에 오는 명사에는 관사가 붙을 수 없
습니다.

този автобусът (X) → **този автобус**   이 버스 (O)

това дървото (X) → **това дърво**   이 나무 (O)

това는 **това дете**처럼 중성명사를 수식하는 형용사적 용법뿐만 아니라, 성에 상관없이 '이것은
~입니다'를 나타낼 때 쓰입니다.

뒤에 오는 명사가 단수일 경우 = 3인칭 단수형인 **е** 사용
뒤에 오는 명사가 복수일 경우 = 3인칭 복수형인 **са** 사용

Това е списък на селата в България. 이것은 불가리아에 있는 마을들의 목록입니다.

Това са животни, които произхождат от Африка. 이것은 아프리카에서 온 동물들입니다.

1. 다음 〈보기〉와 같이 가족관계를 나타내는 단어 중 밑줄 친 곳에 알맞은 관사를 넣어 보세요.

(단, 남성명사의 경우 주격 관사와 목적격 관사를 모두 쓰세요.)

(1) баба＿＿ му

(2) моя＿＿ майка

(3) син＿＿ им

(4) този отговор＿＿

(5) чичовци＿＿ на Иван

(6) техни＿＿ внуци

(7) внучка＿＿ й

(8) синове＿＿ му

(9) този дядо＿＿

(10) братя＿＿ на Соня

2. 다음의 글을 읽고 질문에 '예/아니오'로 답해 보세요.

> Казвам се Лили. Семейството ми не е голямо. Къщата ни се намира в центъра на София. Живея с родителите ми. Аз съм единствената им дъщеря. Нямам братя и сестри. Моите баби и дядовци живеят на село, но ние често ги посещаваме. Имам една леля, но тя работи в чужбина. Много обичам семейството си.

(1) 릴리의 가족은 대가족이다. (예, 아니요)

(2) 릴리네 집은 시골에 위치해 있다. (예, 아니요)

(3) 릴리는 부모님과 함께 살고 있다. (예, 아니요)

(4) 릴리는 두 명의 형제가 있다. (예, 아니요)

(5) 릴리의 할아버지, 할머니는 소피아에 살고 계신다. (예, 아니요)

(6) 릴리는 할아버지, 할머니를 자주 방문한다. (예, 아니요)

(7) 릴리의 이모는 외국에 살고 있다. (예, 아니요)

$3.$ 다음 〈보기〉와 같이 불가리아어로 적어보세요.

> | 보기 | 이 차는 비싸다.   ➡ **Тази кола** е скъпа.

(1) 나는 이 장난감을 상점에서 산다. ➡ Аз купувам ＿＿＿ ＿＿＿ в магазина.

(2) 이 남자는 그녀의 가족을 사랑한다. ➡ ＿＿＿ мъж обича ＿＿＿＿＿ ＿＿.

(3) 그녀는 저 사람들을 모른다. ➡ Тя не познава ＿＿＿＿ ＿＿＿＿.

(4) 이 방 안으로 들어오세요! ➡ ＿＿＿＿ в ＿＿＿＿ ＿＿＿＿!

(5) 당신들 덕분에 내 이름이 이 목록

안에 포함되었어요. ➡ Благодарение на вас, името ми е

включено в ＿＿＿＿ ＿＿＿＿.

$4.$ 녹음을 듣고 빈칸을 채워 보세요.　　　　　　　　　🅞 MP3 **06-4**

Чеджун	Рали, коя е ＿＿＿＿＿ ＿＿＿＿?
Ралица	Тя е приятелката на ＿＿＿＿ ＿＿＿＿ - Мария.
Чеджун	Имаш ＿＿＿＿? Какво работи той?
Ралица	Той е ＿＿＿＿, но сега работи в Америка.
Чеджун	Кога ще се върне в ＿＿＿＿?
Ралица	Може би след ＿＿＿＿ месеца.
	През пролетта ще се ожени за Мария.
Чеджун	О, поздравления! Тогава тя ще му стане ＿＿＿＿.
Ралица	Да. Тогава ＿＿＿＿ ＿＿＿＿ ще стане по- ＿＿＿＿.

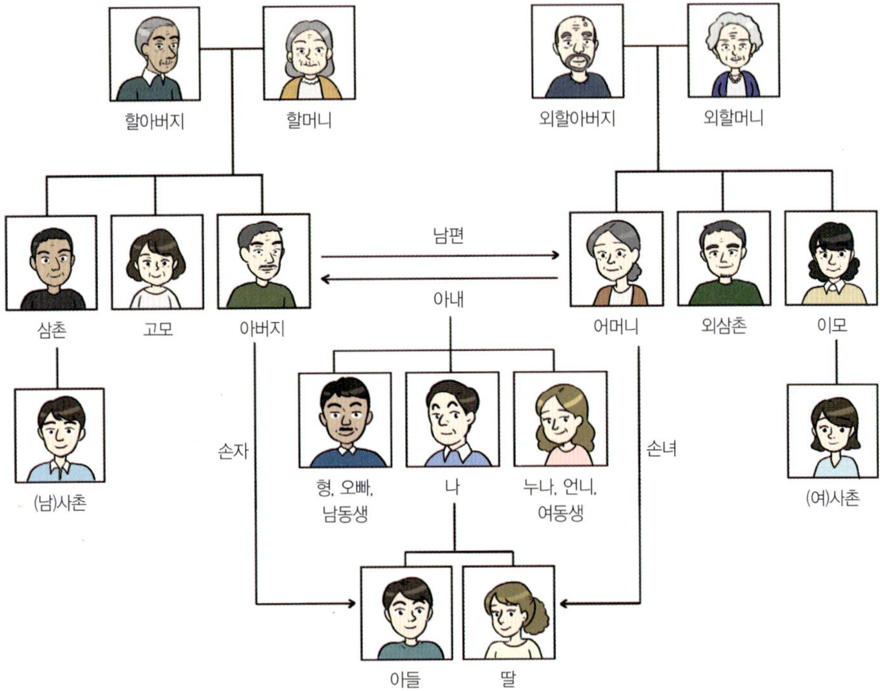

дядо	(외)할아버지 (복수형 дядовци)	баба	(외)할머니
съпруг	남편 (복수형 съпрузи)	съпруга	아내
баща	아버지	майка	어머니
брат	형, 오빠, 남동생 (복수형 братя)	сестра	누나, 언니, 여동생
син	아들	дъщеря	딸
внук	손자 (복수형 внуци)	внучка	손녀
чичо	삼촌 (복수형 чичовци)	вуйчо	외삼촌 (복수형 вуйчовци)
леля	고모	леля	이모
братовчед	(남)사촌	братовчедка	(여)사촌

УРОК

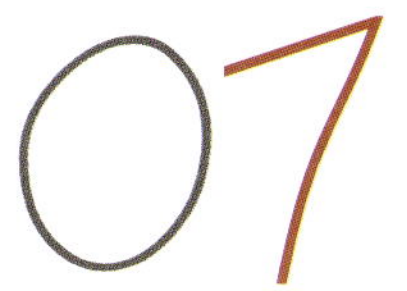

07

Те не ми позволяват да пътувам в чужбина.

그들은 제가 해외로 여행가는 것을 허락하지 않아요.

학습 포인트

불가리아어 동사에는 총 3개의 식(спрежение)이 있습니다. 식에 따라 달라지는 인칭변화 규칙을 익힌 후 다양한 동사에 적용해보겠습니다.

주요 문법

- 동사의 식(спрежение)에 따른 구분
- 동사의 인칭 변화

1식, 2식, 3식 동사

Аз живея в Сеул.　　나는 서울에 살아.

Той учи български език.　　그는 불가리아어를 공부해.

Те разказват интересни истории.

그들은 흥미로운 역사를 이야기하고 있어.

동사 да 동사

Искам да пътувам в чужбина. 나는 해외로 여행가고 싶어.

Можем да играем баскетбол.　　우리는 농구를 할 수 있어.

Те ми позволяват да купя тази книга.

그들은 내가 이 책을 사는 것을 허락해.

허가의 의미 може

Може ли да вляза?　　들어가도 될까요?

Може ли да си тръгна малко по-рано?

조금만 일찍 나가도(출발해도) 될까요?

단어	뜻	비고
играя	놀다, 즐기다	
купя	[완료상] 사다	[불완료상] купувам 불가리아어에는 한번 한 행위를 나타내는 '완료상 동사'와 여러 번 한 행위를 나타내는 '불완료상 동사'가 있다. 8과 참고
вляза	[완료상] 들어가다	[불완료상] влизам
покажа	[완료상] 보여주다	[불완료상] показвам
него	그를	той의 장어미형 목적격 대명사 9과 참고 с него 그와 함께
познавам ~	~를 알다	познаваме се. (우리는) 서로를 알고 있다.
изглеждам ~	~처럼 보이다	
пътувам	여행하다, 여행가다	Пътувам за чужбина. 해외로 여행가다.
заедно	함께	↔ отделно 따로, 별개로
ми	나에게	аз의 단어미형 수여격 대명사 9과 참고 й 그녀에게
позволявам	허락하다	
притеснявам се	걱정하다	
кой	누구	성·수 변화 кой–коя–кое–кои 불가리아어 의문사 중에는 성과 수를 갖는 의문사도 있다.
постоянно	끊임없이, 계속해서	
всяка нощ	매일 밤	всеки път 매번
обаждам се	전화하다	
разказвам	이야기하다	разказ 이야기
давам ~ назаем	~를 빌려주다	
връщам ~	~를 돌려주다	
изчезвам	사라지다	
мога	할 수 있다	1식 동사 мога–можеш–може–можем–можете–могат 자음 г가 인칭변화 할 때 ж로 변한다.
може	해도 된다	인칭에 상관없이 고정되어 사용한다.
Може ли да ~?	~해도 될까요?	
известен	유명한	성·수 변화 известен–известна–известно–известни
сърдя се	화나다	

회화

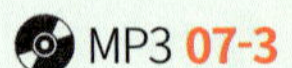

Хайонг	Г-н Младенов, искам да Ви покажа албума си!
	Това момче тук се казва Мин и живее в малък град.
	С него се познаваме отдавна.
Петър	Изглеждате много щастливи на тази снимка.
Хайонг	Ние двамата често пътуваме заедно.
	Моите родители не ми позволяват да пътувам с момче,
	но изобщо не се притесняват да съм с него.
Петър	А кое е това момиче?
Хайонг	Тя е една от приятелките ми.
	Постоянно учи и чете книги в библиотеката.
	Всяка нощ ѝ се обаждам и тя ми разказва интересни неща.
Петър	И аз имам много близък приятел. Постоянно ме пита
	"Пепи, можеш ли да ми дадеш 5 лева назаем?".
	И всеки път, когато го моля да ми върне парите, изчезва.

하영	믈라데노프씨, 당신에게 제 (자신의) 앨범을 보여주고 싶어요!
	여기 있는 이 소년은 민이라고 하고 작은 도시에 살아요.
	우리는 오래전에 알게 되었어요.
뻬떠르	이 사진에서 당신들은 아주 행복해 보이네요.
하영	우리 둘은 함께 자주 여행을 가요.
	제 부모님은 제가 남자와 여행가는 걸 허락하시지 않는데.
	그와 함께 있는 건 전혀 걱정하지 않으세요.
뻬떠르	이 소녀는 누구인가요?
하영	그녀는 제 (여자)친구들 중 한 명이에요.
	끊임없이 도서관에서 공부하고, 책을 읽어요.
	저는 밤마다 그녀에게 전화하고 그녀는 제게 흥미로운 것들을 이야기해주죠.
뻬떠르	저도 아주 가까운 친구가 있어요.
	그는 계속해서 제게 "뻬떠르, 5레바 빌려줄 수 있어?"라고 물어봐요.
	그리고 매번, 그에게 돈을 돌려달라고 부탁할 때, 사라져요.

■ мога 동사의 쓰임

① 의미 : 할 수 있다 (능력의 의미)　　② 형태 : 인칭에 따른 6개의 형태

'할 수 있다(= can)'를 의미하는 1식 동사 мога는 인칭 변화에서 자음 변화가 일어납니다.

аз мога - ти можеш - той/тя/то може -
ние можем - вие можете - те могат

мога 동사의 인칭 변화에서 자음 г가 ж로 변하는 원인은 구개음화(연자음화, 뒤에 오는 연한 모음의 성질에 따라 앞에 오는 자음의 성질이 연하게 바뀌는 현상)에 있습니다.

1인칭 단수 мога 　　: 강한 모음 a 사용 = 그대로 유지

2인칭 단수 можеш　: 연한 모음 е 사용 = 연한 자음 ж로 변화

Можеш ли да говориш корейски? (너는) 한국어로 말할 수 있니?

■ 3인칭 단수형 може의 쓰임

① 의미 : 해도 된다 (허가의 의미)　　② 형태 : 3인칭 단수형 1개의 형태

Може ли да говориш корейски? (너는) 한국어로 말해도 되니?

Ⓐ 동사의 식(спрежение)에 따른 구분

불가리아어 동사는 총 3개의 식을 갖습니다. 명사의 어미를 보고 명사의 성을 파악했듯이, 동사도 기본형이 되는 аз의 동사의 형태가 어떤 어미로 끝나는지에 따라 식을 구분합니다.

	1식 동사	2식 동사	복수형
어미	자음 + а	자음 + я	ам, ям
	ая, ея, ия, уя	оя	
	жа, ча, ша	жа, ча, ша	
예	че**та** 읽다	мис**ля** 생각하다	изпращ**ам** 보내다
	зн**ая**, жив**ея**, м**ия** 알다, 살다, 씻기다	бр**оя** 세다	отвар**ям** 열다
	ка**жа**, пла**ча**, пи**ша** 말하다, 울리다, 쓰다	беле**жа**, мъл**ча**, ре**ша** 표시하다, 침묵하다, 결정하다	

Ⓑ 동사의 인칭 변화

1식, 2식, 3식 동사는 인칭 변화할 때 각각 다른 [모음]을 필요로 합니다. 이 [모음]이 매개체가 되어 동사들이 6개의 형태로 인칭 변화하게 됩니다.

1식 동사	2식 동사	3식 동사
[е]를 통한 변형	[и]를 통한 변형	[а], [я]를 통한 변형

● 인칭 변화 과정

1식 동사	2식 동사	3식 동사
마지막 글자인 а 또는 я를 삭제한 후		마지막 글자인 ам, ям을 삭제한 후
[е] 삽입	[и] 삽입	[а], [я] 삽입
인칭 변화 어미 첨가		인칭 변화 어미 첨가

[인칭 변화 어미]

аз	원형	ние	1식	+ м
			2식	
			3식	+ ме
ти	+ ш	вие	+ те	
той/тя/то	[모음]	те	1식	원형 + т
			2식	
			3식	+ т

※ 3인칭 단수(той/тя/то)는 1식, 2식, 3식 모두 [모음]으로 끝나는 형태를 갖습니다.

예 **чета** 읽다

    식 파악 : 자음 + а → 1식 동사

    인칭 변화 과정 : 마지막 글자 а 삭제 후 → [е] 삽입 → 인칭 변화 어미 첨가

                         чета, четеш, чете, четем, четете, четат

예 **мисля** 생각하다

    식 파악 : 자음 + я → 2식 동사

    인칭 변화 과정 : 마지막 글자 я 삭제 후 → [и] 삽입 → 인칭 변화 어미 첨가

                         мисля, мислиш, мисли, мислим,

                         мислите, мислят

예 **отварям** 열다

    식 파악 : ям → 3식 동사

    인칭 변화 과정 : 마지막 글자 ям 삭제 후 → [я] 삽입 → 인칭 변화 어미 첨가

                         отварям, отваряш, отваря, отваряме,

                         отваряте, отварят

3식 동사인 'дам(주다)'와 'ям(먹다)'는 1식 동사처럼 [е]를 통해 인칭 변화합니다. 이는 두 동사의 옛 형태인 '**дада** 동사'와 '**яда** 동사'를 통해 인칭 변화가 이루어지기 때문입니다.

дам(дада) 주다   → дам(дада), дадеш, даде, дадем, дадете, дадат

ям(яда) 먹다   → ям(яда), ядеш, яде, ядем, ядете, ядат

1. 다음 〈보기〉에 제시된 동사들을 식에 따라 분류해 보세요.

говоря	живея	вървя	заминавам	пея	играя
мисля	карам	чета	пиша	печеля	ям
пия	стоя	отварям	работя	ровя	отивам
отговарям	мразя	мълча	зная	искам	казвам
свиря	мога	идвам	греша	питам	

(1) 1식 동사

➡ ____

(2) 2식 동사

➡ ____

(3) 3식 동사

➡ ____

2. 다음 〈보기〉와 같이 주어진 동사의 인칭변화를 적어 보세요.

> | 보기 | **мълча** 침묵하다
>
> ➡ мълча-мълчиш-мълчи-мълчим-мълчите-мълчат

(1) **пея** 노래하다　➡ ______________________________________

(2) **пия** 마시다　➡ ______________________________________

(3) **пиша** 쓰다　➡ ______________________________________

(4) **мога** 할 수 있다　➡ ______________________________________

(5) **ям** 먹다　➡ ______________________________________

3. 다음 〈보기〉와 같이 다음 문장을 불가리아어로 적어 보세요.

(1) 그들은 서울에 살아.

➡ ____

(2) (내가) 들어가도 될까요?

➡ ____

(3) (너는) 영어로 말 할 수 있어?

➡ ____

(4) (우리는) (그들이) 도서관에 가기를 원한다.

➡ ____

4. 녹음을 듣고 빈칸을 채워 보세요.   🔘 MP3 **07-4**

(1) A: A : Откога се познавате?

   B: От 20 години. От много ______________.

(2) A: ______________ ли онзи мъж? Как се ______________?

   B: Той се ______________ Иван.

(3) A: Тази жена много добре ______________ българска песен.

   B: Разбира се! Тя е най-известната певица в ______________!

(4) A: Защо се сърдиш?

   B: Искам да ______________ на дискотека,

      но баща ми не ми ______________.

불가리아의 주요 관광도시

● 소피아 София

불가리아의 수도인 소피아는 불가리아에서 가장 큰 도시이자, 130만 명의 인구가 밀집해 살고 있는 행정·산업·교통·문화의 중심지입니다. 불가리아 서부 소피아 분지에 있는 소피아는 남쪽으로는 '비토샤Витоша 산', 서쪽으로는 '률린 Люлин 산', 북쪽으로는 '발칸Стара планина 산맥'으로 둘러싸여 아름다운 자연경관을 자랑합니다. 소피아 중심가에 위치한 '알렉산더 넵스키 성당Храм-паметник 'Св. Александър Невски''은 발칸반도에서 가장 큰 규모를 가진 성당으로 불가리아의 오스만 제국으로부터 독립을 위해 싸운 러시아군의 희생을 기리기 위해 세워졌습니다. 소피아 시내에는 '세르디카Сердика(소피아의 옛 지명)'라는 지역이 있습니다. 이곳에는 이 지역(과거 세르디카, 현재 소피아)의 신성함에 매료된 고대 로마 황제들과 로마인들로부터 지어진 고대도시의 유적이 많이 보존되어 있습니다. 고대 유적 위로 세워진 현대식 건물들과 그 사이사이에서 발굴된 고대도시의 옛 흔적이 공존하고 있는 모습은 관광객들의 감탄을 자아냅니다.

● 벨리코 떠르노보 Велико Търново

11~14세기 제2차 불가리아 왕국의 수도였던 '벨리코 떠르노보'는 아름다운 전통가옥과 '짜레베츠 Царевец 요새'로 유명한 도시입니다. 짜레베츠 성에서 내려다보이는 주변 경관과 짜레베츠 언덕에서 펼쳐지는 야간 사운드와 라이트 라이브 쇼는 벨리코 떠르노보를 방문하는 관광객들에게 깊은 인상을 남길 만큼 아름답습니다.

● 플로브디프 Пловдив

불가리아의 제2의 도시로 불리는 '플로브디프'는 유럽의 오래된 도시 중 하나로 도시 곳곳에 로마 유적이 많이 남아있습니다. 그중 가장 대표적인 로마시대의 유적으로 원형극장을 들 수 있습니다. 현재까지도 잘 보존된 이 원형극장에서는 정기적으로 콘서트나 오페라 등 다채로운 공연이 열립니다.

08

Какво правите в почивните дни?

쉬는 날 뭐 하세요?

학습 포인트

불가리아어 동사에는 다회성 행위와 일회성 행위를 나타내는 상(вид)의 개념이 있습니다. 한국인이 이해하기에는 다소 어렵지만 불가리아어 학습자들이 반드시 알아야 하는 기본 개념입니다. 차근차근 살펴보겠습니다.

주요 문법

- 불완료상 동사
- 완료상 동사

불완료상 동사

Какво правиш? 뭐하고 있어?

Разхождам се из парка. 공원에서 산책하고 있어.

Обикновено закусвам тиквена баница и кисело мляко. 아침에 보통 호박 바니짜와 요구르트를 먹습니다.

완료상 동사

Трябва да се срещна с Майк. 마이크와 만나야 해.

Той ще прочете тази книга.

그는 이 책을 (끝까지) 다 읽을 거야.

за да 표현 익히기

Излизам в 6 часа, за да не закъснея.

지각하지 않기 위해 6시에 나간다.

Влизам в стаята, за да попитам нещо.

무언가를 물어보기 위해 방 안으로 들어간다.

단어	뜻	비고
почивен ден	쉬는 날	почивка 휴식, 쉬는 시간
доста	상당히, 꽤	
събуждам се / да се събудя	(잠이) 깨다	събуждам ~ ~를 깨우다 събуждам се 자기 자신을 깨우다 = 깨다
час	시간, 시	
обличам се	(옷을) 입다	обличам ~ ~를 (옷을) 입히다 обличам се 자기 자신을 (옷을) 입히다 = 입다
докато	~하면서	
срещам се / да се срещна	~를 만나다	срещам се с ~ (미리 약속하고) ~를 만나다 срещам ~ (우연히) ~를 만나다
разхождам се / да се разходя	산책하다	разходка 산책
завиждам	질투하다	
свободно време	자유 시간, 휴식 시간	
ще ~	~할 것이다	미래 시제 12과 참고
няма да ~	~하지 않을 것이다	미래 시제 부정형 12과 참고
клатя си краката	빈둥거리다	[직역] (구어체) 자신의 다리를 흔들다, 떨다
оставам / да остана	남다	
, за да	~하기 위해	
, че	that	영어에서 that 절의 that을 의미한다. Мисля, че ~. = I think that ~. = ~라고 생각한다.
справям се / да се справя	대처하다, 헤쳐나가다	
правя / да направя	하다, 만들다	
обяснявам / да обясня	설명하다	обяснение 설명
мия / да измия	~를 씻기다	мивка 싱크대, 세면대 мия се / да се измия 자기 자신을 씻기다 = 씻다
чета / да прочета	읽다	
пиша / да напиша	쓰다	
слушам / да послушам	듣다	слушам : to listen (의지를 갖고) 듣다 чувам : to hear (들려오는 소리를 의지 없이) 듣다

Петър	Хайонг, какво правите в почивните дни?
Хайонг	Събуждам се доста късно и около 11 часа започвам да закусвам. След това се обличам, докато слушам любимата си музика. Към 2 часа излизам да се срещам с Чеджун и заедно се разхождаме из парка.
Петър	Завиждам Ви! Аз почти нямам свободно време…
Хайонг	От утре и аз няма да мога да си клатя краката… Трябва да ходя в библиотеката, защото следващата сряда ще започне изпитната сесия. В момента малко по малко чета една книга, но все още ми остават 200 страници, за да я прочета.
Петър	Жалко… Но съм сигурен, че ще се справите чудесно!

뻬떠르	하영, 쉬는 날 뭐 하세요?
하영	저는 상당히 늦게 일어나고 11시쯤에 아침 식사를 시작해요.
	그 후에, 가장 좋아하는 노래를 들으며 옷을 갈아입어요.
	2시 정도에 재준이를 만나러 나가고 (그와) 함께 공원을 산책해요.
뻬떠르	당신이 부럽네요! 저는 자유 시간이 거의 없어요⋯.
하영	내일부터는 저도 빈둥거릴 수가 없어요⋯.
	다음 주 수요일에 시험 기간이 시작돼서 도서관에 다녀야 해요.
	지금 책 한 권을 조금씩 읽고 있는데, 아직도 (끝까지) 읽으려면 200페이지나 남았어요.
뻬떠르	안타깝네요⋯. 하지만, 잘 헤쳐 나갈 거라고 확신해요!

접두사를 통해 파생된 동사는 접두사 고유의 의미에 따라 그 의미가 달라집니다.

по (잠깐, 조금)		за (〜를 시작하다)	
говоря 말하다	поговоря 잠시 말하다	чета 읽다	зачета 읽기 시작하다
мисля 생각하다	помисля 잠시 생각하다	пиша 쓰다	запиша 쓰기 시작하다
чакам 기다리다	почакам 잠시 기다리다		
чета 읽다	почета 잠시 읽다	на, у (충분히, 만족할 만큼, over)	
слушам 듣다	послушам 잠시 듣다	ям 먹다	наям се 배불리 먹다
пиша 쓰다	попиша 잠시 쓰다	спя 자다	успя се 늦게까지 자다

대부분의 접두사들이 고유의 의미를 갖고 있지만 모든 동사에서 그 의미가 일관되게 적용되는 것은 아닙니다.

казвам 말하다 → показвам 보여주다   пиша 쓰다 → [완료상] запиша 녹음하다
наказвам 처벌하다
указвам 나타내다, 가리키다

불완료상/да 완료상

불가리아어 동사에는 불완료상과 완료상으로 나뉘는 상(**вид**)의 개념이 있습니다. 대부분의 불가리아어 동사는 '불완료상/**да** 완료상'의 쌍을 갖습니다.

① 일어나다 събуждам се / да се събудя	② 읽다 / (끝까지) 읽다 чета / да прочета
시작하다 започвам / да започна	쓰다 / (끝까지) 쓰다 пиша / да напиша

'불완료상/**да** 완료상'의 쌍은 위의 ①, ②와 같이 두 가지 유형으로 나뉩니다.

(1) 앞부분은 동일하지만 완료상의 뒷 부분이 불완료상보다 짧은 유형

이 유형에 속하는 동사들은 '불완료상/**да** 완료상' 쌍이 딱 한 가지만 존재하며, 불완료상과 완료상의 의미 차이는 없습니다.

끝내다 свършвам / да свърша	좋아하다 харесвам / да харесам
전화하다 обаждам се / да се обадя	시작하다 започвам / да започна

(2) 완료상이 불완료상에 접두사를 붙여서 만들어진 유형

이 유형에 속하는 동사들은 접두사에 따라 '불완료상/**да** 완료상' 쌍이 여러 개 존재 할 수 있으며, 완료상 동사는 접두사가 갖는 고유의 의미가 첨가되어 새로운 의미(뉘앙스)를 갖습니다.

чакам	/ да почакам	(по = 잠깐)	잠깐 기다리다
	/ да дочакам	(до = ~까지)	~까지 기다리다
пиша	/ да напиша	(на = 끝까지)	끝까지 다 쓰다
	/ да подпиша	(под = 밑에)	시경히디

※ 의미적 차이가 없거나 뉘앙스 차이만을 보이는 불완료상과 완료상은 각기 다른 양상의 행위를 표현한다는 점에서 구분됩니다.

※ 불완료상, 완료상이 쓰이는 행위 양상의 도식화

불완료상	완료상
반복되는 행위나 지속되는 행위	한번 행해진 행위
····· 또는 ⟶	·

Ⓐ 불완료상 동사

(1) 불완료상 동사는 여러 번 반복되는 행위를 나타낼 때 사용됩니다.

събуждам се / да се събудя 일어나다

Всеки ден **се събуждах** рано. 매일 나는 일찍 일어났다. 불완료상의 과거시제 아오리스트 : 12과 참고

불완료상 동사는 반복되는 행위를 나타내기 때문에 빈도부사와 함께 쓰입니다.

винаги 항상	често 종종, 자주	обикновено 보통	понякога 가끔
рядко 거의 ~않다	никога не 결코 ~않다		

Той често ме **кани** на концерт. 그는 나를 콘서트에 자주 초대한다.

Обикновено **отивам** в парка. 보통 공원에 간다.

Рядко **се обаждам** на преподавателката си. 선생님에게 거의 전화하지 않는다.

(2) 불완료상 동사는 진행 중인 행위를 나타낼 때 사용됩니다. (※현재시제에서는 불완료상만 쓰일 수 있습니다.)

Сега **закусвам** със семейството му. 지금 그의 가족과 함께 아침을 먹고 있다.
    ≠ 완료상 закуся

Какво **правиш**? 뭐하고 있어?   → **Чета** книга. 책을 읽고 있어.
    ≠ 완료상 направя   ≠ 완료상 прочета

                    Мия си ръцете. 손을 씻는 중이야.
                    ≠ 완료상 измия

● 불완료상 동사의 쓰임

(1) 아래 다섯 개의 「동사+да」 뒤에는 반드시 불완료상 동사만 쓰입니다.

започвам да ~ 시작하다	свършвам да ~ 끝나다	
продължавам да ~ 계속하다	обичам да ~ 사랑하다	спирам да ~ 멈추다

    • наричам / да нарека ~를 부르다

    Те продължават да го **наричат** лъжец. 그들은 계속해서 그를 거짓말쟁이라고 부른다.
              ≠ 완료상 동사 нарекат

(2) 불완료상 동사는 행위 자체에 집중할 때에 쓰입니다.

한 번 한 행위에 대해서는 완료상 동사가 쓰입니다. 하지만 '불완료상/да 완료상' 쌍의 두 번째 유형에서 설명된 바와 같이 접두사를 통해 완료상이 형성된 경우, 완료상의 의미가 접두사 고유의 의미에 의해 뉘앙스가 첨가되면서 약간 변질됩니다.

- **чета / да прочета** 읽다 / 끝까지 읽다

  <u>어제 나는 책을 읽었어.</u>

  읽는 행위를 어제 한 번 했지만   → 완료상 동사 사용

  책을 끝까지 다 읽은 건 아니야.   → 접두사 про가 갖는 (끝까지)의 의미 때문에
                                          완료상 동사인 прочета 사용 불가능

읽는 행위를 했다는 그 행위 자체에 집중할 때에는 한 번 한 행위임에도 불구하고 불완료상 동사가 쓰입니다. 불완료상의 과거시제 아오리스트 : 12과 참고

Вчера четох книга. 어제 (나는) 책을 읽었어.

→ 100페이지 짜리 책에서 1페이지를 읽었든, 99페이지를 읽었든 상관 없이 책을 읽는 행위 자체를 했다는 의미.

다음의 문장을 외우면 (2)의 내용을 쉽게 이해할 수 있습니다.

Вчера четох книга, но не я прочетох. 어제 책을 읽었는데, 다 읽지는 않았어.

Ⓑ 완료상 동사

완료상은 한번 행해진 행위를 나타낼 때 사용됩니다. 완료상의 과거시제 아오리스트 : 12과 참고

- **събуждам се / да се събудя** 일어나다

  Вчера се събудих рано. 어제 나는 일찍 일어났다.

- **разхождам се / да се разходя** 산책하다

  Снощи се разходих из парка. 어젯밤 나는 공원을 산책했다.

- **срещам / да срещна** ~를 우연히 마주치다

  Към 5 часа срещнах Иван навън. 5시 쯤에 나는 밖에서 이반과 마주쳤다.

● 완료상 동사의 쓰임

⑴ **완료상은 「동사+да+동사」 구문에서 뒤에 오는 동사에서 주로 사용됩니다.**

불가리아어에서 **да**는 영어 to 부정사의 **to**와 같은 역할을 합니다.

Искам да обясня проблема. 나는 문제를 설명하고 싶다.
Трябва да събудя сина му. 나는 그의 아들을 깨워야 한다.

불완료상과 완료상 쌍을 '불완료상/да 완료상'으로 표현하는 이유도 완료상이 주로 **да** 뒤에 오기 때문입니다.

обяснявам / да обясня 설명하다
събуждам / да събудя 깨우다

⑵ **완료상 동사는 미래 시제 「ще+동사」, 또는 미래 시제 부정문 「няма да+동사」에서 주로 사용됩니다.**

Ще се срещна с него. 나는 그와 만날 것이다.
Няма да се срещна с него. 나는 그와 만나지 않을 것이다.

완료상 동사의 쓰임에서 '주로'라고 반복적으로 설명한 이유는 말하고자 하는 내용에 따라 불완료상 동사도 사용될 수 있기 때문입니다.

• **обяснявам / да обясня** 설명하다

Искам да обясня проблема. 문제를 (한번) 설명하고 싶다.

하지만, '문제를 (계속해서, 반복해서, 여러 번) 설명하고 싶다'를 말하고자 한다면 불완료상 동사인 **обяснявам**이 쓰일 수 있습니다.

Искам да обяснявам проблема. 문제를 (계속해서, 반복해서, 여러 번) 설명하고 싶다.

• **срещам се / да се срещна** 만나다

Утре ще се срещна с него. 내일 그를 (한번) 만날 것이다.

하지만, 반복을 의미하는 **От утре**(내일부터)가 쓰이면 불완료상 동사인 **срещам се**가 쓰일 수 있습니다.

От утре ще се срещам с него. 내일부터 그를 (계속해서, 반복해서, 여러 번) 만날 것이다.

1. 다음 〈보기〉와 같이 제시된 동사를 참고하여 완료상을 추측해서 적어 보세요.

> | 보기 | 입다 обличам се/да се облека　➡　벗다 събличам се/да се съблека
>
> (안으로) 들어가다 влизам/да вляза　➡　(밖으로) 나오다 излизам/да изляза

(1) (밖으로) 나오다 излизам/да изляза　➡　(아래로) 내려오다 слизам / да __________

(2) 포함시키다 включвам/да включа　➡　제외시키다 изключвам / да __________

(3) 열다 отварям/да отворя　➡　닫다 затварям / да __________

(4) 일어나다 ставам/да стана　➡　남다 оставам / да __________

2. 다음 〈보기〉와 같이 알맞은 상의 동사를 주어에 맞게 인칭 변화한 후 빈칸에 넣어 보세요.

> | 보기 | Аз обикновено закусвам вкъщи. (закусвам / да закуся)

(1) Всеки ден той __________ в 7 часа. (ставам / да стана)

(2) Венета е много заета и рядко __________ из парка.
(разхождам се / да се разходя)

(3) Росене, сега какво __________? (правя / да на правя)

(4) Днес ние ще __________ (излизам / да изляза) около 6 часа, но от утре

ще __________ (излизам / да изляза) малко по-късно.

$3.$ 다음 문장을 불가리아어로 적어 보세요.

(1) 나는 거의 매일 로센을 만나.   * **почти** 거의

➡ ____

(2) 보통 그녀는 옷을 갈아입지 않지만, 내일은 옷을 갈아입어야 해.

* **преобличам се/да се преоблека** 옷을 갈아입다

➡ ____

(3) '저는' 내일부터 계단으로 내려갈 거예요.   * **слизам/да сляза** 내려가다, **по стълбите** 계단으로

➡ ____

(4) 그녀는 그들이 잘 헤쳐 나갈 거라고 확신해.

➡ ____

$4.$ 녹음을 듣고 빈칸을 채워 보세요.   🔊 MP3 **08-4**

(1) A: Много съм гладна.

B: Хайде да обядваме заедно след като _____________ _____________
с Иван.

(2) A: Ани, ти ще дойдеш ли на партито у Камен?

B: Не. Нямам _____________ _____________.
Утре имам изпит по математика.

(3) A: _____________ в колко часа _____________ _____________ синът ти?

B: Когато няма лекции, той _____________ _____________ много
късно – около 11 часа.

(4) A: Кога можеш да ми върнеш книгата?

B: До петък ще я _____________ и ще ти я върна в събота!

불가리아는 1396~1878년까지 약 5세기간 오스만 제국으로부터 지배를 받았습니다. 1과 탐방기에서 설명한 바와 같이 지배 초반에는 현재 소피아 시내에 있는 성 페트카 지하교회가 터키인들의 눈을 피해 땅 밑에 지어진 것처럼 종교적 탄압이 극심했지만, 16세기 이후에는 불가리아인들의 종교활동에 대한 제약이 많이 줄게 되었습니다. 이 시기부터 불가리아인들이 교회를 짓는 것 자체에 대해서는 크게 제한하지 않았으나 교회의 높이가 터키인들이 탄 말의 높이보다 높아서는 안 되는 등 종교적 제약에서 완전히 벗어나지는 못했습니다.

17세기에 들어 오스만 제국이 점차 쇠퇴하기 시작하면서 불가리아인들에게도 민족의식이 싹트기 시작했습니다. 18세기에 프랑스 혁명의 영향으로 터져버린 민족적 반항심은 1876년 '4월 봉기'로 이어졌지만, 계획보다 빠르게 시작된 반란과 불완전한 조직력 때문에 참혹한 실패를 맞게 되었습니다. 수 만 명의 사람들이 학살당하고 수많은 마을이 불타 없어졌습니다. '불가리아 학살, 참사'라고도 불리는 오스만 제국의 무자비한 진압은 자유주의를 지향하는 유럽인들에게 큰 반향을 일으켰고 종국에는 러시아가 오스만 제국에 대해 전쟁을 선포하여 러시아-튀르크 전쟁이 발발하는 원인이 되었습니다. 러시아에 대패한 오스만 제국은 산스테파노 조약을 통해 불가리아를 제외한 피지배국들의 영토와 자유를 완전히 인정하였습니다. 하지만 러시아의 세력확장을 견제한 열강들 때문에 한정된 영토만을 되찾을 수 있었던 불가리아는 수십 년이 지난 1908년, 러시아의 알렉산더 대공과 러시아군들의 도움으로 오스만 제국으로부터 완전히 독립하게 되었습니다. 실질적으로 완전한 해방은 1908년에 일어났지만, 불가리아에서는 해방 기념일Ден на Освобождението на България от османско робство을 산스테파노에서 평화 조약이 체결된 1878년 3월 3일로 여겨 매년 3월 3일을 공휴일로 지정하고 기념합니다.

УРОК

09

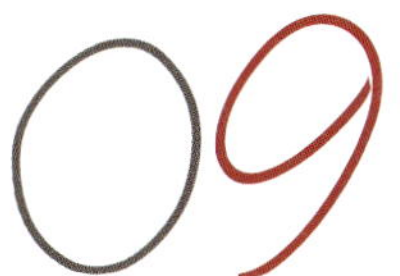

Аз си купувам нови панталони.

난 새 바지를 사고 있어.

학습 포인트

똑같은 단어를 반복해서 쓰지 않기 위해 사용되는 것이 바로 '대명사'입니다. 한국어와는 반대되는 격(падеж)을 필요로 하는 동사들에 유의하며 다양한 대명사를 통해 좀 더 편리하게 불가리아어를 표현해보겠습니다.

주요 문법

- 목적격 대명사
- 수여격 대명사
- 재귀대명사 (1)

패턴

이 과에서 배울 주요 표현을 미리 들어 보세요.

목적격 대명사

Мария ги мрази.

마리야는 그들을 싫어한다.

Аз я питам за пътя.

나는 길에 대해 그녀에게 묻는다.

Софронис поздравява Крум.

소프로니스가 크룸에게 인사한다.

수여격 대명사

Мария ми дава хубава рокля.

마리야가 나에게 멋진 치마를 준다.

Тя му помага да излезе.

그녀는 그가 나가는 것을 도와준다.

Той завижда на успеха им.

그는 그들의 성공을 질투한다.

재귀대명사

Трябва да обичаш себе си.

너 자신을 사랑해야 한다.

Само ти можеш да си простиш.

너 만이 너 자신을 용서할 수 있다.

단어	뜻	비고
прощавам / да простя	용서하다	수여격을 요하는 동사 Прощавам ти. 너를 용서하다.
купувам	사다, 구매하다	купувам си панталони. 바지를 나를 위해 산다.
среща	만남, 미팅, 약속	
завеждам / да заведа	데려가다	
също	또한	
Казват, че ~	(사람들이) ~라고 말한다	'사람들'을 의미하는 хората가 생략되어 있다.
повечето	대부분의	повече 더
искам да ~	~하고 싶어 하다	
излизам / да изляза	나가다	излизам с ~ ~와 함께 나가다, ~와 데이트하다
подарявам / да подаря	선물하다	подарък 선물
отделям / да отделя време	시간을 내다	отделям/да отделя 떼어내다, 분리하다
прибирам ~ / да прибера	~를 제자리에 놓다	Прибирам се. 자기 자신을 제자리에 놓다. = 집에 가다
ходя по петите на ~	~를 뒤따르다	[직역] ~의 뒤꿈치를 따라가다
предпочитам	선호하다	
обсипвам / да обсипя с ~	~를 쏟아붓다	Обсипвам с въпроси. 질문을 쏟아붓다. = 질문을 많이 하다
прекомерен	지나친	성·수 변화 прекомерен–прекомерна–прекомерно–прекомерни
похвала	칭찬	= комплимент 칭찬
отивам	가다, 잘 어울리다	3인칭으로 쓰일 경우 '잘 어울리다'의 의미로 쓰인다. Отива ти този пуловер. 이 스웨터가 너에게 잘 어울린다.
мразя	싫어하다	
на ~	~에게	
в крак с ~	~를 잘 알다	Ти си в крак с модата! 너 유행을 잘 아는구나!
Хайде да ~!	~를 하자!	
намаление	세일, 할인	
Спокойно!	진정해!	

회화

그림을 보며 자연스러운 회화 표현들을 익혀 보세요.

MP3 **09-3**

Ралица　Чеджун! Какво правиш тук?

Чеджун　Рали, здрасти! Купувам си нови панталони.

Утре имам среща със Соня. Ще я заведа на ресторант!

Ралица　И аз познавам Соня.

Казват, че е много мила с всичките си приятели.

Повечето момчета в групата ми също искат да излязат с нея.

Чеджун　Да, много е симпатична!

Искам да купя нещо и за нея, но не знам какво да ѝ

подаря. Рали, можеш ли да ми отделиш 30 минути?

Ралица　Ами… трябва да се прибера, но… ще ти помогна!

Чеджун　Мерси! Ако съм с теб, продавачката няма да ми ходи по

петите, няма да ме пита "Какъв цвят предпочитате?"

и няма да ме обсипва с прекомерни похвали, като "На Вас

Ви отиват всички цветове!".

랄리짜	재준아! 여기서 뭐 해?
재준	랄리, 안녕! 나는 새 바지를 사고 있어.
	내일 쏘냐와의 만남이 있거든. 내일 그녀를 한 레스토랑으로 데려갈 거야!
랄리짜	나도 그녀를 알아.
	그녀가 자신의 모든 친구들에게 아주 친절하다고 (사람들이) 말하더라.
	내 그룹의 남자들도 그녀와 데이트 하고 싶어해.
재준	응, 아주 착해!
	그녀를 위해서도 무언가를 사고 싶은데, 그녀에게 무엇을 선물해야 할지 모르겠어.
	랄리, 나에게 30분만 내줄래?
랄리짜	음… 집에 가야 되는데, 하지만… 너를 도와줄게!
재준	고마워! 내가 너와 함께라면, 점원이 나를 따라다니지 않고,
	"어떤 색상을 선호하세요?"라고 묻지도 않을 거고,
	"당신에게는 모든 색상이 다 잘 어울려요!"라고 지나친 칭찬을 쏟아붓지도 않을 거야.

■ 옷, 의류 дрехи

тениска	티셔츠	рокля	원피스
риза	셔츠	пола	치마
пуловер	스웨터	панталони	바지
сако	코트	дънки, джинси	청바지
яке	재킷	обувки	신발
елече	조끼	шапка	모자

A 목적격 대명사

'~을, ~를'을 나타내는 목적격 대명사는 직접 목적어 자리에 오는 특정 인물이나, 관사가 붙은 대상을 대체할 때 사용됩니다.

(단어미형 사용시)

Росен чака **Соня**.   로센은 쏘냐를 기다리고 있다.   → Росен я чака.

Росен гледа **топките** на земята.   로센이 땅에 있는 공들을 보고있다.   → Росен ги гледа.

소유격 대명사처럼 단어미형과 장어미형으로 구분됩니다.

<table>
<tr><th colspan="6">목적격 대명사</th></tr>
<tr><th>의미</th><th>단어미형</th><th>장어미형</th><th>의미</th><th>단어미형</th><th>장어미형</th></tr>
<tr><td>나를</td><td>ме</td><td>мене (구어체 мен)</td><td>그것을</td><td>го</td><td>него</td></tr>
<tr><td>너를</td><td>те</td><td>тебе (구어체 теб)</td><td>우리를</td><td>ни</td><td>нас</td></tr>
<tr><td>그를</td><td>го</td><td>него</td><td>너희를, 당신을</td><td>ви</td><td>вас</td></tr>
<tr><td>그녀를</td><td>я</td><td>нея</td><td>그들을</td><td>ги</td><td>тях</td></tr>
</table>

① 단어미형이 항상 동사와 자리싸움을 하는 것에 반해 장어미형은 위치가 자유롭습니다.

Аз обичам **Христо**. 나는 흐리스토를 사랑한다.

[단어미형 목적격 대명사] Аз **го** обичам. / Обичам **го**. 나는 그를 사랑한다.

[장어미형 목적격 대명사] **Него** обичам. / Аз обичам **него**. / Обичам **него**.

나는 그를 사랑한다.   → 문장의 앞, 중간, 끝 등 모든 위치에 올 수 있습니다.

② 대명사 단어미형과 대명사 장어미형이 중복되어 사용될 수 있으며, 이 경우 목적어가 되는 대상이 강하게 강조됩니다.

Мария мрази **Иван**. 마리아는 이반을 싫어한다.

→ Мария **го** мрази. 마리아는 그를 싫어한다.

→ Мария **го** мрази **него**. 마리아는 (다른 사람 말고 정확히) 그를 싫어한다.

③ 전치사 뒤에는 장어미형 목적격 대명사만이 올 수 있습니다.

카멘은 너에 대해 생각해. Камен мисли за **те**. (X)   → Камен мисли за **теб**. (O)

Ⓑ 수여격 대명사

'~에게'를 나타내는 수여격 대명사는 간접 목적어 자리에 오는 특정 인물이나 관사가 붙은 대상을 대체할 때 사용됩니다.

(단어미형 사용시)

Росен дава чантата **на Соня.** 로센이 쏘냐에게 가방을 주고 있다.　→ Росен **й** дава чантата.

Росен помага **на децата.** 로센이 아이들에게 도움을 주고 있다.　→ Росен **им** помага.

소유격 대명사, 목적격 대명사처럼 단어미형과 장어미형으로 구분됩니다.

수여격 대명사					
의미	단어미형	장어미형	의미	단어미형	장어미형
나에게	ми	на мене (구어체 на мен)	그것에게	му	на него
너에게	ти	на тебе (구어체 на теб)	우리에게	ни	на нас
그에게	му	на него	너희에게, 당신에게	ви	на вас
그녀에게	й	на нея	그들에게	им	на тях

> **주의** ☆
>
> 장어미형에서 전치사 **на**는 '~에게'를 의미합니다. 과거에는 수여격 대명사 장어미형을 나타내는 특별한 형태가 있었지만, 현대 불가리아어에서는 「전치사 **на** + 목적격 대명사 장어미형」이 쓰입니다.

① 단어미형이 항상 동사와 자리싸움을 하는 것에 반해 장어미형은 위치가 자유롭습니다.

Аз давам книгата **на Гергана.** 나는 게르가나에게 책을 주고 있다.

[단어미형 수여격 대명사]　Аз **й** давам книгата. / Давам **й** книгата. 나는 그녀에게 책을 주고 있다.

[장어미형 수여격 대명사]　**На нея** давам книгата. / Давам **на нея** книгата. /

Давам книгата **на нея**.

나는 그녀에게 책을 주고 있다.　　　　　→ 문장의 앞, 중간, 끝 등 모든 위치에 올 수 있습니다.

② 대명사 단어미형과 대명사 장어미형이 중복되어 사용될 수 있으며, 수여 받는 대상이 강하게 강조됩니다.

Мария завижда **на Иван.** 마리야는 이반에게 질투를 느낀다.

→ Мария **му** завижда. 마리야는 그에게 질투를 느낀다.

→ Мария **му** завижда **на него**. 마리야는 (다른 사람 말고 정확히) 그에게 질투를 느낀다.

✳ 목적격 대명사와 수여격 대명사 사용 시 주의사항 ✳

(1) 수여격 대명사 단어미형과 소유격 대명사 단어미형이 동일하기 때문에 문맥을 통해, 또는 위치를 통해 어떤 대명사의 단어미형인지 구분해야 합니다.

Майка ми ми купува нови очила.
　　　　①　②

→ ①의 **ми**는 앞에 오는 **майка**를 수식하는 소유격 대명사
→ ②의 **ми**는 동사와의 자리싸움 후 동사를 치고 앞으로 나온 수여격 대명사

→ **Майка ми / ми / купува / нови очила.**
　나의 어머니는　나에게　사주신다　새로운 안경을

(2) 목적격 대명사와 수여격 대명사가 함께 쓰이는 문장에서는 '수여격 대명사 → 목적격 대명사'의 어순을 따르며 자리를 이동할 때에도 묶여서 같이 움직입니다.

Аз давам книгата на Гергана. 나는 게르가나에게 책을 주고 있다.

→ **Аз й я давам. / Давам й я.** 나는 그녀(게르가나)에게 그녀(책, 여성명사)를 주고 있다.

(3) 대부분의 불가리아어 동사들이 한국어와 동일한 격(목적격, 수여격)의 목적어를 사용하지만, 한국어와 반대되는 격을 사용하는 동사들도 존재합니다.

[한] : ~에게 질문하다 → [불] : 목적격 필요	**Питам го.**	그에게 질문하다.
[한] : ~에게 인사하다 → [불] : 목적격 필요	**Поздравявам те.**	너에게 인사하다.
[한] : ~를 도와주다 → [불] : 수여격 필요	**Помагам му.**	그를 도와주다.
: ~를 괴롭히다 → [불] : 수여격 필요	**Досаждам на Соня.**	쏘냐를 괴롭히다.
: ~를 용서하다 → [불] : 수여격 필요	**Прощавам ти.**	너를 용서하다.

⒞ 재귀대명사

재귀대명사는 어떤 사물이나 행위가 주어(자기 자신)에게 귀속될 때 사용되는 대명사입니다. '소유격, 목적격, 수여격'으로 세분화되며 각각 '단어미형'과 '장어미형'을 갖습니다.

재귀대명사						
격	의미	단어미형	장어미형			
			남성	여성	중성	복수형
소유격	자기 자신의	**си**	**свой**	**своя**	**свое**	**свои**
목적격	자기 자신을	**се**	**себе си**			
수여격	자기 자신에게	**си**	**на себе си**			

✳ **свой**의 관사 형태 : 주격 **своят**, 목적격 **своя**

● 소유격 재귀대명사

소유격 대명사와 모든 쓰임이 같습니다. 목적어가 주어의 소유물일 때 사용되며, 단어미형, 장어미형, 소유격 재귀대명사 모두 주어 자리에는 위치할 수 없습니다.

Аз обичам майка си.　　　　나는 [나] 자신의 어머니를 사랑한다.
[나] ――――――――→ [나] 자신의

Синът си е пред него.　　（X）　[?] 자신의 아들은 그 앞에 있다.（X）
→ Синът ми е пред него.（О）　　나의 아들은 그 앞에 있다.　　（О）

> **주의** ☆
>
> 나(аз), 너(ти), 우리(ние), 너희들(вие), 당신(Вие)의 소유격 재귀대명사는 굳이 '자기 자신'이라는 표현을 쓰지 않아도 지칭할 수 있는 대상이 '이 세상에 딱 하나 뿐'이기 때문에 일반 소유격 대명사로 대체될 수 있습니다.
>
> 　　Аз обичам майка ми. / Аз обичам моята майка.　　나는 나의 어머니를 사랑한다.
> 　　　　　　　　　　　　　　　　　　　　　　　　　（→ 이 세상에 '나'란 존재는 딱 하나 뿐）
>
> 하지만, '그/그녀/그것(той/тя/то)'이나 '그들(те)'의 경우에는 세상에 무수히 많은 '그/그녀/그것/그들'이 존재하기 때문에 자기 자신의 소유물임을 밝히고 싶을 때는 반드시 '소유격 재귀대명사'를 써야합니다.
>
> 　　Той търси родителите му. / Той търси неговите родители.　　（X）
> 　　그는 그의 부모님을 찾고있다.
> 　　　① 　②
> 　　Росен Крум? Камен? Иван? Петър? ...
>
> 　　Той търси родителите си. / Той търси своите родители.　　（О）
> 　　그는 그 자신의 부모님을 찾고있다.
> 　　　①　　　②
> 　　Росен　Росен

● 목적격 재귀대명사

목적격 재귀대명사는 목적격을 필요로 하는 동사와 함께 쓰이고, 동사의 행위가 행해지는 대상이 자기 자신일 때 사용합니다.

Аз обличам детето. 아이를 (옷을) 입히다.　　→ Обличам се. 자기 자신을 (옷을) 입히다. = (옷을) 입다.
Той познава тази жена най-добре. 그는 이 여자를 가장 잘 안다.
→ Той познава себе си най-добре. 그는 자기 자신을 가장 잘 안다.

● 수여격 재귀대명사

수여격 재귀대명사는 수여격을 필요로 하는 동사와 함께 쓰이고, 동사의 행위가 자기 자신에게 행해질 때 사용됩니다.

Те ни купуват книги. 그들은 우리에게 책을 사준다.
→ Те си купуват книги. 그들은 자기 자신에게 책을 사준다.
Трябва да простиш на онзи крадец. 저 도둑을 용서해야 한다.
→ Трябва да простиш първо на себе си. 자기 자신을 먼저 용서해야 한다.

1. 다음 〈보기〉와 같이 해석을 참고하여 동사가 필요로 하는 격에 맞게 빈칸을 채워 보세요.

> | 보기 |
> 그를 (우연히) 마주치다. ➡ Срещам го.
> 아름다운 여자에게 편지를 보내다. ➡ Изпращам писмо на красива жена.

(1) 이 여자를 도와주고 싶다. ➡ Искам да помогна ________________.

(2) 이 학생을 알고있다. ➡ Познавам ________________.

(3) 그녀는 우리를 질투한다. ➡ Тя ________________ завижда.

(4) 쏘냐는 자신의 친구들을 믿는다. ➡ Соня вярва ________________.

(5) 분홍색은 그녀에게 어울린다. ➡ Розовият цвят ________________ отива.

2. 다음 〈보기〉와 같이 문법 상 잘못 사용된 대명사를 찾아 올바르게 고쳐 보세요.

> | 보기 |
> Не искам да говоря с му. ➡ Не искам да говоря с него.

(1) Аз трябва да го ѝ дам.

➡ ________________

(2) Александър пита на семейството му.

➡ ________________

(3) Своята майка е по-висока от съпругата му.

➡ ________________

(4) Тя обича своята кучета.

➡ ________________

$3.$ 다음 문장을 불가리아어로 적어 보세요.

(1) 내일은 (나는) 그녀와의 만남이 있어.

➡ ____

(2) 내일 (나는) 그들을 한 레스토랑으로 데려 갈 거야.

➡ ____

(3) 점원이 너에게 "어떤 색상을 선호하세요?"라고 묻지 않을 거야.

➡ ____

(4) 나에게는 모든 색상이 다 잘 어울려!

➡ ____

$4.$ 녹음을 듣고 빈칸을 채워 보세요.　　　　　　　　　　🔘 MP3 **09-4**

Мария	Гери, обикновено откъде __________ __________ __________?
Гергана	В мола. __________?
Мария	Винаги си в крак с модата. Завиждам __________!
Гергана	Харесва ли ти __________ __________?
Мария	Да, много е красива.
Гергана	Тогава и ти трябва да си купиш същата. Хайде бързо да отидем заедно в мола! До днес има намаление!
Мария	Спокойно, Гери! Ще __________ отива ли розовият цвят?
Гергана	__________ __________ __________ отиват всички цветове!

출처 : www.pinterest.co.kr

불가리아에는 경제 규모에 비해 많은 복합 쇼핑몰이 있습니다. 한국에서 흔히 볼 수 있는 대형마트나 백화점의 개념보다는 거대 복합 쇼핑몰에 가깝습니다. 지상에는 의류·신발 가게, 약국, 환전소, 영화관, 오락실, 레스토랑, 카페 등이 있고 지하에는 대형마트가 위치하는 것이 일반적입니다. 전반적으로 물가가 저렴한 편이기는 하지만 의류 구매나 프랜차이즈 커피숍 이용, 취미활동에 드는 비용은 한국과 큰 차이가 나지 않습니다. 그러나 식료품은 어느 유럽국가와 비교해도 매우 저렴한 편입니다. 대형마트뿐만 아니라 거리에 있는 작은 가게나 시장에서 파는 식료품이 특히 저렴하고 신선합니다.

음식점 또한 고급 레스토랑을 제외하고 일반 식당의 경우 1인당 10레바(7,500원 정도)이면 샐러드부터 메인요리, 음료수와 디저트까지 간단한 코스형식으로 먹을 수 있을 정도로 저렴하고 푸짐합니다. 길거리에서 파는 성인 남자 얼굴만 한 피자 한 조각이 2레바(1,500원 정도), 불가리아의 주식이라고 할 수 있는 빵 또한 종류에 상관없이 1~2레바(750~1,500원)면 충분할 만큼 불가리아의 음식은 맛·양·가격에서 모두 완벽합니다.

레스토랑 이용 시 한국과 다른 점은 식사 후 직접 계산대로 가서 계산하는 것이 아니라, 웨이터를 불러 계산서를 받은 후, 현금 또는 카드를 계산서와 함께 웨이터에게 다시 전달하는 방식으로 이루어집니다. 팁 문화가 다른 서양 국가들에 비해 많이 발달하지는 않았지만, 레스토랑처럼 손님을 접대하는 사람이 있는 곳에서는 총금액의 10% 정도를 팁으로 남기고 가는 것이 일반적입니다.

УРОК

10

Трябва да се качим на автобус №70.

70번 버스를 타야 해.

학습 포인트

9과에서 재귀대명사 се와 си가 갖는 재귀의 용법에 대해 배웠다면 이번 과에서는 그 외의 추가적인 기능에 대해 배워보겠습니다. 불가리아어가 갖는 두 개의 부정대명사를 통해 불특정한 대상을 나타내고 대상의 존재를 부정해보겠습니다.

주요 문법

- 재귀대명사 (2)
- 부정 대명사와 부정 대명사
- 이중부정

재귀대명사 ce의 수동의 의미

Очаква се интензивен трафик.

극심한 교통체증이 예상된다.

Фестивалът ще се открие на 10-ти март.

페스티발은 3월 10일에 열릴 것이다.

재귀대명사 ce와 си의 상호의 의미

Иван и Мария се обичат.　이반과 마리야는 서로를 사랑한다.

Ще се видим ли утре?　내일 만나나요?

Утре трябва да си поговорим пак.

내일 다시 이야기 해야 해요.

이중부정

Нищо не се вижда.　아무 것도 안보여.

Никак не ми харесва той.　그가 정말 마음에 안 들어.

Никой не иска да кара тази кола.

어느 누구도 이 차를 운전하고 싶어하지 않는다.

단어	뜻	비고
откривам се / да се открия	열리다, 개최되다	откривам / да открия 열다, 시작하다, 드러내다
стигам / да стигна	도착하다, 도달하다	
Ето виж!	이것 좀 봐!	
качвам се / да се кача	타다, 오르다	Качвам се в кола. 차에 타다. Качвам се на дърво, на планина. 나무, 산에 오르다.
слизам / да сляза	내려오다	Слизам от самолет, кораб. 비행기, 배에서 내려오다. Слизам от дърво. 나무에서 내려오다.
спирка	정거장	автобусна спирка 버스 정거장
стъклен	유리로 된	성·수 변화 стъклен–стъклена–стъклено–стъклени
вървя (пеша)	걷다	
метър	미터(m)	километър 킬로미터(km)
завивам / да завия	돌다	надясно 오른쪽으로 ↔ наляво 왼쪽으로
при	~에서, ~ 근처에서	
светофар	신호등	
връщам се / да се върна	(제자리로) 돌아가다	
напоследък	최근에, 요즘에	
ненавиждам	증오하다	
съвет	충고	съветвам 충고하다
приличам	닮다	수여격을 요하는 동사 Тя прилича на майка си. 그녀는 자신의 어머니를 닮았다.
вярвам	믿다	수여격을 요하는 동사 Аз му вярвам. 나는 그를 믿어.
нуждая се от ~	~가 필요하다	
дължа	빚지다	Дължиш ми 5 лева. 너는 나한테 5레바를 갚아야 해.
приготвям / да приготвя	준비시키다	Приготвям детето. 아이를 준비시키다.
умирам от ~	~ 때문에 죽다	
Изключено!	말도 안 돼! 불가능해!	
Успокой се!	진정해!	
спасявам / да спася	구하다	

Хайонг	Казват, че утре ще се открие "Фестивал на бирата" пред Икеа!
Чеджун	Наистина ли?!
	Никак не искам да те безпокоя, но можеш ли да потърсиш как да стигнем до там?
	Аз нямам никаква информация...
Хайонг	Няма проблем. Ето виж! Всичко е описано в сайта на магазина. Трябва да се качим на автобус №70.
	Като слезем на спирката 'Магазин Икеа', оттам ще се види някаква стъклена сграда.
Чеджун	Да. Трябва да вървим пеша около 50 метра до тази сграда и да завием надясно при светофара.
Хайонг	А искаш ли да се върнем с такси след фестивала?
Чеджун	Добра идея. Напоследък рано се стъмва.
	С такси ще можем да се върнем безопасно и е удобно.

하영　내일 이케아 앞에서 "맥주 페스티발"이 열린대!

재준　진짜?!

　　　너를 절대 귀찮게 하고 싶지 않지만, 거기까지 어떻게 가는지 (조금) 알아볼 수 있니?

　　　나는 아무런 정보가 없어….

하영　문제없어. 이것 좀 봐! 이케아 사이트에 모든 게 묘사(설명)되어 있어.

　　　우리는 70번 버스를 타야 해.

　　　'이케아' 정류장에서 내리면, 거기에서 유리로 된 어떤 건물이 보일 거래.

재준　응. 이 건물까지 50m 정도 걸어가고, 신호등 있는 곳에서 오른쪽으로 꺾어야 하네.

하영　축제 이후에 택시를 타고 돌아오고 싶니?

재준　좋은 생각이야. 요즘에 일찍 어두워지더라.

　　　택시를 타면 안전하게 돌아올 수 있고, (택시를 타고 돌아오는 것이) 편해.

■ 교통수단 превозно средство

кола, автомобил	차, 자동차	автобус	버스
трамвай	트램 버스	тролейбус	트롤리버스
метро	지하철	влак	기차
кораб	배	самолет	비행기
мотоциклет	오토바이	велосипед	자전거
качвам се / да се кача (на, в ~)	(~에) 타다, 오르다	слизам / да сляза (от ~)	(~에서) 내리다
карам	운전하다, 몰다	возя се (на, с ~)	(~를) 타다, (~를 타고) 드라이브하다

A 재귀대명사 (2)

재귀대명사 ce와 си는 9과에서 배운 재귀의 용법 이외에도 또 다른 기능을 갖습니다.

> **주의**
>
> 재귀대명사 ce와 си를 포함한 모든 불가리아어 동사가 다음의 분류에 속하는 것은 아닙니다. 아래에서 설명될 여러 기능 중 그 어느 것으로도 설명할 수 없는 경우도 많습니다. 이러한 경우에는 억지로 기능을 끼워 맞추려 하지 말고 동사와 그 의미를 별개로 외우는 것이 좋습니다.
>
> (1) срещам　　　(우연히) 만나다, 마주치다.
> (2) срещам се　(미리 약속을 정하고) 만나다.
>
> → (1)과 (2)가 형태적으로는 재귀대명사 ce가 있고 없고의 차이만을 갖지만, 아래에서 설명될 재귀대명사의 다양한 의미 (기능)와는 전혀 상관없는 별개의 의미를 갖습니다.

● 목적격 재귀대명사 단어미형 ce

(1) 재귀의 용법 : 목적격을 요하는 동사의 행위가 주어(자기 자신)에게 귀속됩니다.

качвам + 목적어 = (목적어)를 태우다　　　качвам + ce = 자기 자신을 태우다 (= 타다)

сърдя + 목적어 = (목적어)를 화나게 하다　　сърдя + ce = 자기 자신을 화나게 하다 (= 화나다)

→ ce는 타동사(~를 태우다)를 자동사(타다)로 바꾸는 역할을 합니다.

· 재귀동사

불가리아어에는 「동사+ce」가 아예 한 덩어리로 쓰이는 '재귀동사'들도 있습니다. (1)의 재귀의 용법 예시들은 ce가 없는 형태도 갖는 반면, 이 '재귀동사'들은 비재귀 형태가 없습니다.
: 재귀동사에는 주로 사람의 정신적, 신체적 상태를 표현하는 동사들이 포함됩니다.

гордея се 사랑스러워하다　　　страхувам се 두려워하다

боя се 걱정하다　　　смея се 웃다

(2) 수동의 의미 : ce가 첨가됨으로써 주어가 동사의 행위를 당하는 대상이 됩니다.

Как се прави баница със сирене? 씨레네가 들은 바니짜는 어떻게 만들어지나요?

Децата се възпитават от родителите. 아이들은 부모님에 의해 교육된다.

(3) 상호의 의미 : 목적격을 필요로 하는 복수 인칭(ние, вие, те)의 동사에 ce를 첨가하면 '서로를 ~한다'라는 상호의 의미가 됩니다.

Ние се обичаме. 우리는 서로를 좋아한다.

Те се ненавиждат. 그들은 서로를 증오한다.

⑷ **무인칭문** : 행위의 주체가 제시되지 않는 무인칭문에서 사용됩니다.

① 동사에 대한 강한 의지 표출 : 동사 3인칭 단수형＋수여격 대명사 단어미형＋ce

Спи ми ce. 나는 자고 싶다.　　　　　Яде му ce. 그는 먹고 싶다.

Спи ти ce. 너는 자고 싶다.　　　　　Учи им ce. 그들은 공부하고 싶다.

② 자연 현상 : 동사 3인칭 단수형＋ce

Съмва ce. 날이 밝다. 동이 트다.　　　　Стъмва ce. 날이 어두워지다. 해가 지다.

● **수여격 재귀대명사 단어미형 си**

⑴ **재귀의 용법** : 수여격을 요하는 동사의 행위가 주어(자기 자신)에게 귀속됩니다.

Той си купува дрехи. 그는 자기 자신에게 옷을 사준다.

Аз си строя къща. 나는 자기 자신에게 집을 지어준다.

· **재귀동사**

불가리아어에는 「동사＋си」가 아예 한 덩어리로 쓰이는 '재귀동사'들도 있습니다. ⑴의 재귀
의 용법 예시들은 си가 없는 형태도 갖는 반면, 이 '재귀동사'들은 비재귀 형태가 없습니다.

въобразявам си 상상하다　　　　　спомням си 떠올리다

⑵ **상호의 의미** : 수여격을 요하는 복수 인칭(ние, вие, те)의 동사에 си를 첨가하면 '서로에게 ～한다'라는 상호의
의미가 됩니다.

Ние си говорим. 우리는 서로에게 말한다.

Те си пишат писма. 그들은 서로에게 편지를 쓴다.

Иван и Майк си помагат. 이반과 마이크는 서로를 도와준다.

Ⓑ 부정 대명사와 부정 대명사

부정(정해지지 않은) 대명사와 부정(그러하지 않은) 대명사는 의문사 앞에 각각 **ня(не)-**와 **ни-**를 첨
가함으로써 형성됩니다. 불가리아어 의문사 중 대부분은 형용사와 마찬가지로 '성'과 '수'를 갖습니다.

● **кой-коя-кое-кои** : 누구

някой	**ня**коя	**ня**кое	**ня**кои
누군가(someone)			
никой	**ни**коя	**ни**кое	**ни**кои
어느 누구도(no one)			

Някой те търси. 누군가 너를 찾고 있어.

Някои от най-добрите ни студенти. 가장 훌륭한 우리 학생들 중 일부.

Никой не знае. 아무도 몰라.

※ 목적격으로 '누구를'을 의미할 때에는 성·수에 상관없이 의문사 **кого**가 사용됩니다. 정해지지 않은 부정대명사는 **някого**를, 그러하지 않은 부정대명사는 **никого**를 사용합니다.

Кого търсите? 누구를 찾으세요?

Търсите ли **някого**? 누군가를 찾으세요?

Не искам съвет от **никого**. 아무에게도 충고를 듣고 싶지 않아요.

※ 수여격으로 '누구에게'를 의미할 때에는 성·수에 상관없이 **на кого**가 사용됩니다. 정해지지 않은 부정대명사는 **на някого**를, 그러하지 않은 부정대명사는 **на никого**를 사용합니다.

На кого прилича той? 그는 누구를 닮았나요?

Искам да покажа **на някого**, че го обичам. 그를 사랑한다는 걸 누군가에게 보여주고 싶어요.

Не вярвам на **никого**. 아무도 믿지 않아요.

● **какъв-каква-какво-какви** : 무슨 (종류의)

някакъв	някаква	някакво	някакви
어떤(some [kind of])			
никакъв	никаква	никакво	никакви
어떤 ~도 아닌(no)			

Някакъв човек пита за теб. 어떤 사람이 너에 대해 묻고 있어.

В **никакъв** случай. 어떤 상황에서도 ~가 아니다.

● **чий-чия-чие-чии** : 누구의

нечий	нечия	нечие	нечии
누군가의			
ничий	ничия	ничие	ничии
누군가의 ~가 아닌			

Можеш ли да помогнеш на **нечий** син? 누군가의 아들을 도와줄 수 있어요?

Ничия земя. 주인 없는 땅.

불가리아어에서 я와 e의 교체는 자주 일어납니다.
① 형용사 : 큰 → гол**я**м-гол**я**ма-гол**я**мо-гол**е**ми
② 관사 : 세상, 세계 св**я**т → 세상에서 в св**е**та
③ 복수형 : 색상 цв**я**т → 색상들 цв**е**тове
④ 동사 : (완료상) 들어가다
вл**я**за-вл**е**зеш-вл**е**зе- … -вл**я**зат

● **кога** 언제, **къде** 어디서, **как** 어떻게, **колко** 얼마나

някога	**ня**къде	**ня**как	**ня**колко
언젠가	어디선가	어떻게든	몇몇의
никога	**ни**къде	**ни**как	**ни**колко
언제든 ∼하지 않다	어디서든 ∼하지 않다	전혀 ∼하지 않다	조금의 ∼도 없다

Ще ти се обадя някога. 언젠가 너에게 전화할게.
Няма го **ни**къде. 그가 어느 곳에도 없어.

Някак ще стигна! 어떻게든 도달할 거야!
Нямам николко лева. 레프(돈)가 하나도 없다.

ня(не)–와 ни–가 що(=какво)와 결합하면 '무언가', '아무 것도 아님'이라는 의미가 됩니다.

нещо	**Имаш ли да му кажеш още не**що? 그에게 말 할 것이 더 있니?
무언가	**Нещо за ядене.** 먹을 것.
нищо	**Нищо не е сигурно.** 어느 것도 확실하지 않아.
아무 것도 아님	**Не знам нищо.** 아무 것도 몰라.

ⓒ 이중부정

불가리아어에는 '이중부정(두 번 부정되는)'이라고 불리는 개념이 있습니다. 부정(그리하지 않은) 대명사는 동사 또한 **не**를 통해 부정되었을 때 즉, 동사의 부정과 부정대명사의 존재를 통해 '이중'으로 부정되는 상황에서만 사용될 수 있습니다.

아무도 오지 않는다.

Идва никой. (x) → **Не идва никой.** (o)

어둠 속에서는 아무 것도 보이지 않는다.

Виждам нищо в тъмнината. (x) → **Не виждам нищо в тъмнината.** (o)

1. 다음 〈보기〉와 같이 주어진 문장을 재귀대명사 ce의 기능에 주의하여 올바르게 해석해 보세요.

| 보기 |　Ще се видим пак!　　➡　우리 (서로) 또 만나요!

(1) Дървото се разлюлява от вятъра.　　* разлюлявам 흔들다, вятър 바람

➡ ____

(2) Не ми се яде, когато съм болен.　　* когато ～할 때, болен 아픈

➡ ____

(3) Тази дума често се използва в разговора.　　* използвам 사용하다, разговор 대화

➡ ____

(4) Кучето и бебето добре се разбират.　　* куче 강아지, бебе 아기, разбирам 이해하다

➡ ____

2. 다음 〈보기〉와 같이 문장 내에서 문법적으로 틀린 곳을 찾아 고쳐 보세요.

| 보기 |　Трябва да се измиеш ръцете преди ядене.
➡ Трябва да **си** измиеш ръцете преди ядене.

(1) Нячий молив е на пода.

➡ ____

(2) Аз не имам никаква информация.

➡ ____

(3) Търсите ли някой?

➡ ____

(4) Спят им се.

➡ ____

 다음 제시된 동사를 참고하여 빈칸에 ce와 си 중 알맞은 형태를 넣어 보세요.

| 보기 |

събуждам 깨우다   обличам 입히다   връщам 돌려놓다
мия 씻기다   виждам 보다   къпя 목욕시키다
връщам 제자리에 놓다   разказвам 이야기하다   приготвям 준비시키다
оправям 정돈하다   качвам 태우다, 올리다

Всеки ден аз _________ събуждам рано. Ставам от леглото и веднага отивам в банята. Мия _________ ръцете и лицето. Връщам _________ в стаята, оправям _________ леглото и _________ обличам якето. Точно в 11, излизам от квартирата и се срещам с Яна. Ние всеки ден _________ виждаме. Обичаме да _________ разказваме интересни неща. Качваме _________ на автобуса и пътуваме до университета. След няколко часа, ние двамата заедно _________ връщаме вкъщи. Докато Яна се обажда на родителите си, аз _________ къпя и _________ приготвям вечеря.

4. 녹음을 듣고 빈칸을 채워 보세요.   🎧 MP3 **10-4**

Яна   Много съм гладна...

Дайте ми _________ _________ _________.

Георги   Нямам _________.

Нямам _________ пари да ти купя един хляб дори.

Яна   О-о-о не...! Умирам от глад!

Трябва да помолиш _________ да ни даде _________ лева.

Георги   Изключено! Яна, моля те, успокой се!

Само след 1 час ще обядваш!

Яна   Не, Гошо... Гладна съм...!

Още сега ми трябва _________ храна...! Спаси ме!

Георги   Как?!

Яна   _________!

같은 슬라브족인 러시아 사람들이 40~60도의 보드카를 마시는 것과 마찬가지로 불가리아에도 '라끼야ракия'라는 독한 전통술이 있습니다. 발효된 과일(포도, 자두 등)을 증류시켜 만드는 라끼야는 시중에 구매해 마시는 비율이 40%, 가정에서 직접 만들어 마시는 비율이 60%에 달합니다. 만드는 방식이 조금 복잡하기는 하나 기본이 되는 재료가 과일, 설탕, 물로 어디서나 쉽게 구할 수 있는 것들이기 때문에 각 가정에서 그들만의 방식을 통해 직접 만들어 즐기는 편입니다. 시중에 판매하는 술보다 저렴하다는 장점 또한 홈메이드 라끼야의 매력이라고 할 수 있습니다. 메인 요리도 아닌 식전요리와 함께 이 독한 술을 마시는 것에 익숙한 불가리아인들에게 한국의 가장 대표적인 주류인 소주를 대접하면 어떤 반응을 보일까요? 성별에 상관없이 모든 불가리아인은 "이거 물 아니야?"라고 묻습니다.

불가리아에는 '라끼야' 말고도 양질의 와인과 맥주가 많습니다. 한국인들에게 잘 알려져 있지는 않으나 불가리아도 프랑스, 이탈리아 못지않게 포도주를 많이 생산하는 나라입니다. 저렴한 가격이 무색할 만큼 맛과 품질이 뛰어난 불가리아 와인은 장미로 된 미용 제품을 선물하기 애매한 남성들을 위한 기념품 1순위로 꼽힙니다. 불가리아에는 **Каменица**, **Загорка**, **Шуменско** 등 지명을 딴 맥주들이 많습니다. 500ml 한 병에 1,19레바(900원 정도)하는 저렴한 가격과 시원한 맛에 여름철 길거리나 공원에서 맥주를 병째로 들고 마시는 사람들도 흔히 볼 수 있습니다.

어떤 주류든 상관없이 불가리아인들은 술을 마시기 전 한국의 건배와 같이 상대방의 건강과 안녕을 바라는 "**Наздраве!**"를 외치며 잔을 부딪칩니다. 상대방의 눈을 바라보며 잔을 마주치는 것이 불가리아에서 가장 중요한 주류 예절이기 때문에 다른 곳을 바라보며 건성으로 "**Наздраве!**"를 하지 않도록 주의해야 합니다.

Боли ме гърлото.
Не ми се пие нищо.

목이 아파. 아무 것도 마시고 싶지 않아.

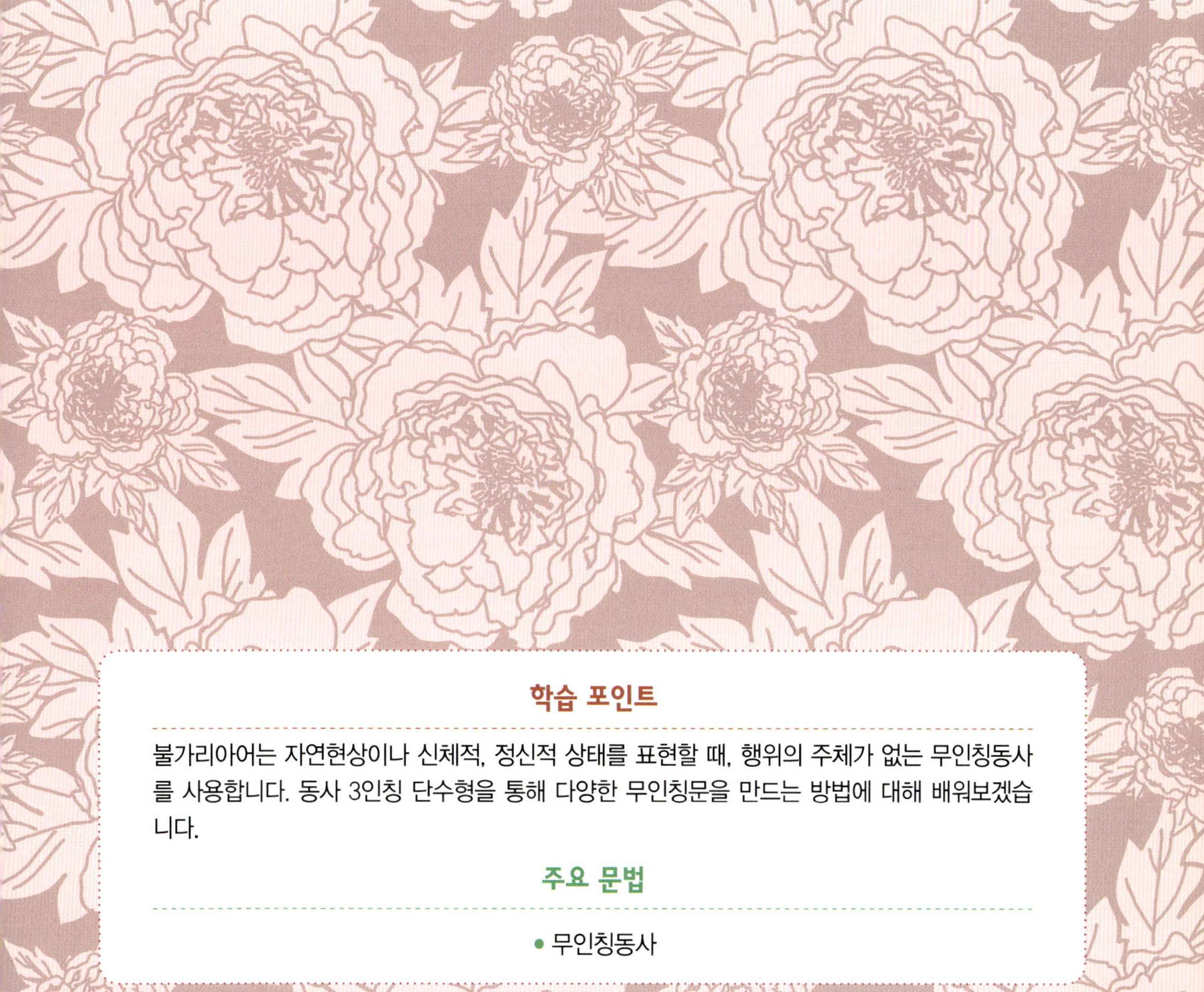

학습 포인트

불가리아어는 자연현상이나 신체적, 정신적 상태를 표현할 때, 행위의 주체가 없는 무인칭동사를 사용합니다. 동사 3인칭 단수형을 통해 다양한 무인칭문을 만드는 방법에 대해 배워보겠습니다.

주요 문법

● 무인칭동사

자연 현상

Започва пак да вали. — 다시 비가 내리기 시작하네.

Ще гърми и ще вали дъжд. — 천둥이 치고 비가 내릴 거야.

신체적 상태

Какво те боли? — 너 어디 아파?

Боли ме кракът. — 다리가 아파.

Помощ! Боли ме цялото тяло! — 도와주세요! 온 몸이 아파요!

Горещо ли ти е? — 너 더워?

Не, не ми е горещо. — 아니, 안 더워.

정신적 상태

Спи ли ти се вече? — 너 벌써 자고 싶니?

Не, още не ми се спи. — 아니, 아직 안 자고 싶어.

단어	뜻	비고
по	~씩	по едно 하나씩
Какво ти е?	(너 상태가) 왜 그래?	수여격 대명사 단어미형이 쓰입니다.
главоболие	두통	[합성어] глава(머리) + болка(통증)
температура	열	термометър 체온계
болница	병원	
страхувам се от ~	~를 두려워하다	
притеснявам се	걱정하다	Не се притеснявай! 걱정하지 마!
нормален	평범한, 흔한	성·수 변화 нормален–нормална–нормално–нормални
бързам	서두르다	
лекарство	약	
наблизо	근처에	[형용사] близък–близкъ–близко–близки 가까운
ей сега	금방	Ей сега идвам. 금방 올게. 가까운 미래에는 미래시제가 아닌 현재시제 동사를 사용해도 무방합니다.
заминавам / да замина	떠나다	заминавам за ~로 떠나다
преглеждам / да прегледам	진찰하다	
дъжд	비	сняг 눈
гърло	목(내부)	врат 뒷목(외부)
стомах	위, 속	корем 배
зъболекар	치과 의사	[합성어] Зъб(치아) + лекар(의사)
пуша	담배를 피우다	пушач 흡연자　　непушач 비흡연자
учене	읽는 것, 읽는 행위	동명사 (동사로부터 만든 명사) ↔ писане 쓰는 것, 쓰는 행위
премервам / да премеря	측정하다	
кашлица	기침	хрема 콧물
чадър	우산	
повреден	고장난	성·수 변화 повреден–повредена–повредено–повредени повреждам / да повредя 고장내다 повреждам се / да се повредя 고장나다
хапче	알약	капка 방울 капки за гърлото 목에 뿌리는 스포이드식 물약

Ралица	Чеджун, хайде да излезем да пием по едно кафе.
Чеджун	Съжалявам, но не ми се излиза.
	И не ми се пие нищо студено.
Ралица	Какво ти е? Да не си болен?
Чеджун	Болен съм... Много ми е лошо. Имам главоболие.
	Боли ме гърлото, болят ме очите и имам висока температура.
Ралица	Трябва да отидеш на лекар.
Чеджун	Не... Малко ме е срам да ти кажа,
	но много се страхувам от болници.
Ралица	Страх ли те е от болници? Не се притеснявай!
	Нормално е!
Чеджун	Закъде бързаш толкова?
Ралица	Бързам да ти купя лекарство.
	Наблизо има аптека. Ей сега се връщам!

랄리짜	재준, 우리 커피 한잔하러 나가자.
재준	미안하지만, 나가고 싶지 않아.
	그리고 찬 걸 (그 어떤 것도) 마시고 싶지 않아.
랄리짜	(너 상태가) 왜 그래? 아픈 거 아니지?
재준	아파… 아주 안 좋아. 두통이 있어.
	목이 아프고, 눈도 아프고 고열도 있어.
랄리짜	의사한테 가 봐야 해.
재준	아니야…. 너에게 말하기 조금 부끄럽지만,
	나는 병원을 무서워해.
랄리짜	병원을 무서워한다고? 걱정하지 마!
	자주 있는 일이야!
재준	어디를 그렇게 서둘러?
랄리짜	너에게 약을 사주려고 서두르고 있어.
	근처에 약국이 있어. 금방 돌아올게!

[тяло 몸]

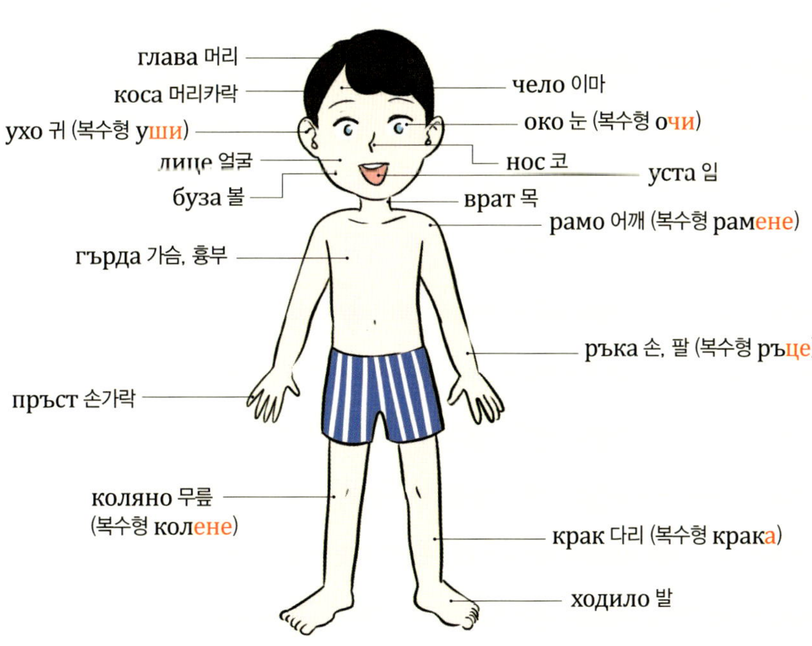

Ⓐ 무인칭동사

불가리아어의 동사는 동사의 어미만으로도 행위의 주체가 파악되는 '인칭동사'와 동사의 형태만으로 행위의 주체를 파악할 수 없는 '무인칭동사'로 나뉩니다.

[인칭동사]	**играят** (그들이) 놀다	**заминаваш** (너가) 떠나다
	отиваме (우리가) 가다	**преглеждам** (내가) 진찰하다, 체크하다
[무인칭동사]	**вали** (비가) 내리다	**съмва се** 날이 밝다, 동이 트다
	гърми 천둥이 치다	**спи ми се** 나는 자고 싶다

무인칭동사는 쉽게 말해 인칭(행위의 주체)이 없는 동사를 의미합니다. 동사 3인칭 단수 형태를 고정적으로 사용함으로써 자연 현상이나 신체적, 정신적 상태를 표현합니다.

● 자연 현상

вали (비가) 내리다

аз валя, ти валиш, ние валим, вие валите로는 쓰이지 않습니다.

Май ще вали. 비가 내릴 것 같아.

Вали, не вали 비가 오든 안 오든 (날씨에 상관없이)

Ръми 보슬비가 내리다

Роси 이슬비가 내리다

Бързо се свечерява 빨리 어두워지다

Рано се развиделява 일찍 동이 트다

구체적인 행위의 주체가 추가됨으로써 인칭동사로 바뀌는 경우도 있습니다.

Тук вали много дъжд/град/сняг. 여기에는 비/우박/눈이 많이 내린다.

Поздравленията валят като град. 축하 인사들이 우박처럼 쏟아진다.

● 신체적, 정신적 상태

(1) 신체적 상태 : 목적격 인칭 대명사 단어미형 사용

боли 아프다

аз боля, ти болиш, ние болим, вие болите로는 쓰이지 않습니다.

Боли ме/те/ги. 나/너/그들은 아파.   **Много го боли.** 그는 많이 아파.

→ 구체적으로 아픈 부위가 추가되는 경우 '〜이 〜를 아프게 한다'로 이해할 수 있습니다.

⑵ 정신적 상태 : 목적격 인칭 대명사 단어미형 사용

> 정신적 상태를 나타내는 「명사+목적격 대명사 단어미형+е」

Страх ме е. (страх 두려움) 나는 두렵다.　　**Срам го е.** (срам 부끄러움, 수치심) 그는 부끄럽다.

Грижа ни е. (грижа 걱정) 우리는 걱정스럽다.

→ 부정문에서는 「목적격 대명사 단어미형+е」가 한 편이 되어 정신적 상태를 나타내는 명사와 자리 싸움을 합니다.
Не ме е страх. 나는 두렵지 않다.

→ 정신적 상태를 일으킨 구체적인 원인을 제시할 경우에는 전치사를 사용합니다.
Страх ме е от зъболекар. 나는 치과의사가 두렵다.
Грижа ни е за теб. 우리는 너에 대해 걱정한다.

⑶ 신체적 상태 : 수여격 인칭 대명사 단어미형 사용

> 형용사 중성 형태(또는 부사)+수여격 대명사 단어미형+е

Студено ми е. 나는 춥다.　　**Добре ми е.** 나는 괜찮다.

Горещо ти е. 너는 덥다.　　**Зле ти е.** 너는 괜찮지 않다.

→ 부정문에서는 「수여격 대명사 단어미형+е」가 한 편이 되어 신체적 상태를 나타내는 형용사(부사)와 자리 싸움을 합니다.
Не ми е студено. 나는 춥지 않다.

⑷ 정신적 상태 : 수여격 인칭 대명사와 목적격 재귀대명사 се 사용

동사에 대한 강한 의지를 나타낼 때 다음과 같은 방식으로 무인칭동사가 사용됩니다.

> 동사 3인칭 단수형+수여격 대명사 단어미형+се

Спи ми се. 나는 자고 싶다.　　**Пуши му се.** 그는 담배를 피고 싶다.

Пее ѝ се. 그녀는 노래 부르고 싶다.　　**Работи им се.** 그들은 일하고 싶다.

→ 부정문에서는 '수여격 대명사 단어미형+се'가 한 편이 되어 정신적 상태를 나타내는 동사 3인칭 단수형과 자리 싸움을 합니다.
Не ми се спи. 나는 자고 싶지 않다.

연습문제

1. 다음 〈보기〉와 같이 빈칸을 채워 작문해 보세요.

(1) A: Какво __________ е? (그의 상태가) 왜 그래?

    B: Той е __________. __________________. 그는 아파. 그는 머리가 아파.

(2) A: Какво __________ е? (그녀의 상태가) 왜 그래?

    B: Тя е __________. __________________ от писане.

    그녀는 아파. 그녀는 (글씨를) 많이 써서 손이 아파.

(3) A: Какво __________ е? (그들의 상태가) 왜 그래?

    B: Те са __________. __________________ от четене.

    그들은 아파. 그들은 (책을) 많이 읽어서 눈들이 아파.

(4) A: Какво __________ е? (당신의 상태가) 왜 그래?

    B: Аз съм __________. __________________. 저(여성)는 아파요. 저는 배가 아파요.

2. 다음 〈보기〉와 같이 제시된 동사를 사용하여 질문과 답변을 만들어 보세요.

(1) ям   Ана и Майк защо не __________ свинско месо?

    먹다   ➡ __________________ свинско месо.

(2) слушам   Венета защо не __________ музика?

    듣다   ➡ __________________ музика.

(3) пиша   Ти защо не __________ писмо?

    쓰다   ➡ __________________ писмо.

(4) спя   Децата защо не __________ ?

    자다   ➡ __________________ .

3. 다음의 글을 읽고 질문에 '예/아니오'로 답해 보세요.

Лекарят	Какво Ви боли?
Венета	Всичко ме боли.
	Боли ме главата, болят ме очите и ми е много студено.
Лекарят	Студено ли Ви е?
	Първо да премерим температурата Ви. И после ще Ви прегледам.
	Ох, имате висока температура.
Венета	Имам и кашлица и хрема. Нищо не ми се яде.
	Дори не ми се пие вода.
Лекарят	Ще Ви дам хапчета за понижаване на температурата и капки за
	гърлото. Не забравяйте често да пиете топъл чай!

(1) 베네따는 머리와 귀가 아프다. (예, 아니요)

(2) 베네따는 몸이 따뜻한 상태이다. (예, 아니요)

(3) 베네따는 기침과 콧물이 있다. (예, 아니요)

(4) 의사 선생님은 베네따에게 해열제를 처방해주었다. (예, 아니요)

(5) 베네따는 따뜻한 차를 자주 마셔야 한다. (예, 아니요)

4. 녹음을 듣고 빈칸을 채워 보세요. MP3 **11-4**

(1) Крум　Утре ще ______________ ______________ в цялата страна.

　　Соня　Ще трябва да си взема чадър.

(2) Крум　Много ______ ______ ______________ гърлото.

　　　　　Не ______________ ______________ пуши.

　　Соня　Утре ще ти дам спрей за гърло.

(3) Крум　Синко, не ти ли се спи? Вече е 11 часа.

　　Росен　Не, тате. Никак ______________ ______________ спи.

(4) Соня　Извинете, можете ли да затворите прозореца?

　　　　　______________ ______________ ______________.

　　Росен　Не мога. Дръжката е повредена.

여름 휴양도시 부르가스(Бургас)

스키산업으로 유명한 빰뽀로보(Пампорово)

불가리아는 한국과 마찬가지로 뚜렷한 사계절을 가진 나라입니다.

여름철 평균 기온이 21℃ 정도이기는 하나, 40℃까지 기온이 상승해 무더위가 기승을 부리기도 합니다. 한 가지 다행인 점은 높은 습도 때문에 여름철 불쾌지수가 높은 한국과는 다르게 불가리아 여름은 건조한 편입니다. 아침저녁으로 서늘한 것뿐만 아니라 한낮에도 그늘에서는 어느 정도 더위를 피할 수 있습니다. 불가리아인들은 동부 흑해 연안에 위치한 휴양도시 부르가스Бургас 나 바르나Варна, 네세바르Несебър 등으로 피서를 떠납니다. 학생들의 시험 기간이 끝나고 여름방학이 시작되는 7월부터 수도 소피아의 거리에 한적하리만큼 사람이 없는 이유도 바로 이 때문입니다.

불가리아 겨울의 평균 기온은 0~7℃입니다. 하지만 맹추위가 몰려올 때는 영하 20℃까지 내려갑니다. 한국의 겨울도 춥긴 하지만 '영하 20℃쯤이야' 하고 방심했다가는 곤란한 상황이 발생하기도 합니다. 추운 나라에 사는 사람들이 덥수룩한 털모자를 왜 쓰는지 바로 이해될 만큼 머리가 시리도록 춥습니다. 겨울철 불가리아 영토 전반에 눈이 많이 내리기는 하나, 불가리아 중앙에 좌우로 길게 위치한 발칸산맥 때문에 (찬 바람의 유입이 덜한 남부지방보다) 북부지방은 특히 겨울이 길며 눈이 많이 내립니다. 산맥이 많은 불가리아의 지형적 특징과 눈이 많이 내리는 겨울철 특징 덕분에 소피아 중심부에서 가까운 비토샤 산(최고봉−체르니 브러흐 Черни връх : 2,290m)을 포함하여 국제 규모의 스키산업과 리조트 시설이 잘 발달해 있습니다.

불가리아의 봄과 가을은 한국의 봄, 가을과 마찬가지로 화창합니다. 꽃과 단풍으로 물든 공원은 남녀노소 모두가 산책하기에 좋습니다.

Взех изпита по математика.

수학 시험을 통과했어요.

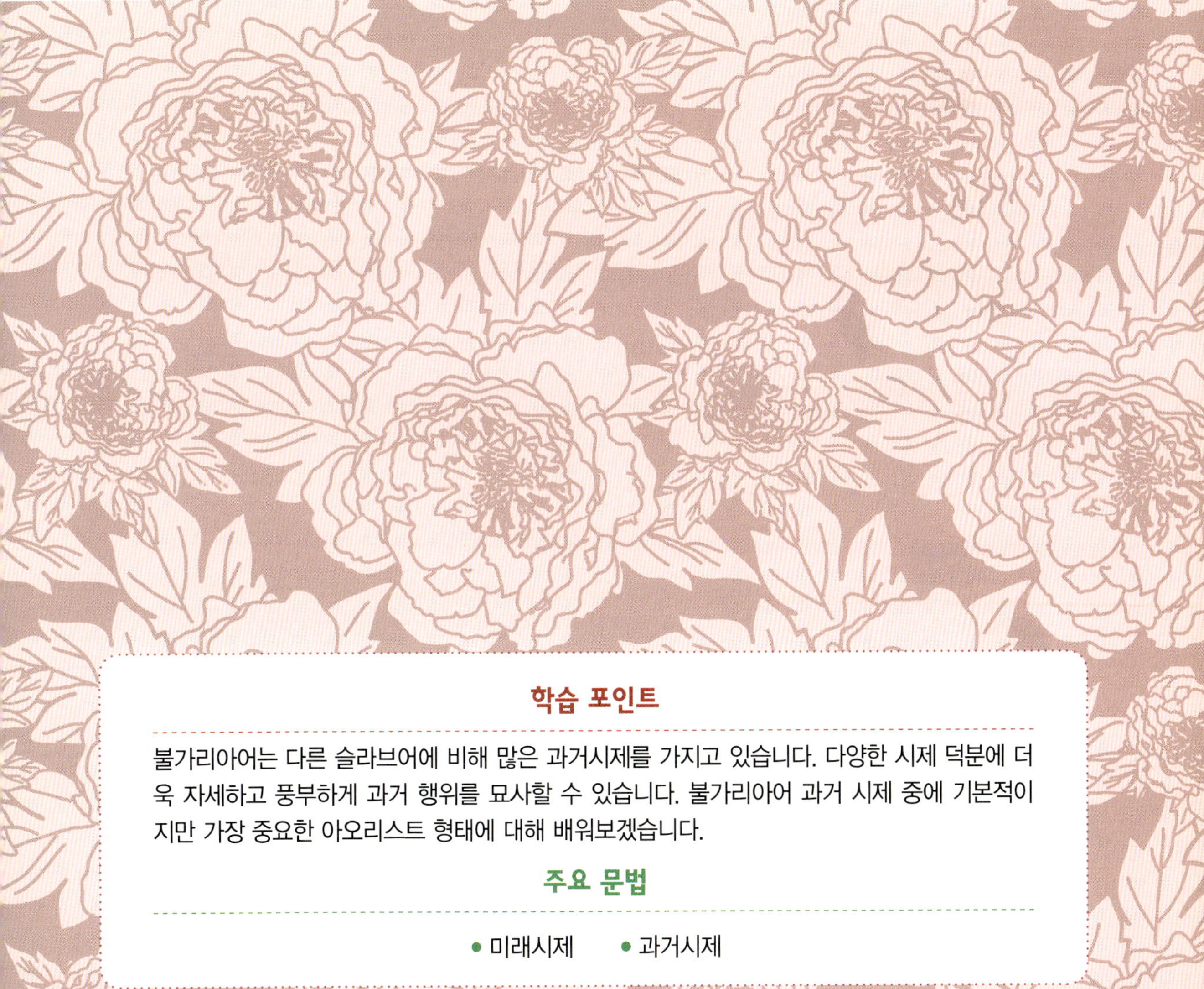

학습 포인트

불가리아어는 다른 슬라브어에 비해 많은 과거시제를 가지고 있습니다. 다양한 시제 덕분에 더욱 자세하고 풍부하게 과거 행위를 묘사할 수 있습니다. 불가리아어 과거 시제 중에 기본적이지만 가장 중요한 아오리스트 형태에 대해 배워보겠습니다.

주요 문법

● 미래시제   ● 과거시제

패턴

미래시제

Ще дойдеш ли?　　　　　　　올 거야?

Няма ли да дойдеш?　　　　안 올 거야?

Няма да ти позволят да се явиш на изпита.

그들은 네가 시험 보러 오는 걸 허락하지 않을 거야.

과거시제(아오리스트)

Забравих да предам домашното. 숙제 제출하는 걸 잊었어.

Закъснях за изпита, защото се загубих.

길을 잃어서 시험에 늦었어.

Разбра ли какво казах?　　　내가 뭐라고 말했는지 이해했니?

~라고 생각한다

Мисля, че Росен ще успее да изкара шестица.

로센이 6점(만점)을 받는 데 성공할 거라고 생각해.

Те мислят, че изпитът по български език

беше по-труден от тези (изпити) преди.

그들은 불가리아어 시험이 이전 (시험)보다 어려웠다고 생각한다.

단어	뜻	비고
идвам / да дойда	오다	↔ отивам / да отида 가다
явявам се / да се явя на изпит	시험보다	= полагам изпит 시험보다
предавам / да предам	제출하다, 전달하다	
закъснявам / да закъснея	늦다, 지각하다	
загубвам / да загубя	~를 잃다	загубвам се 길을 잃다
отпреди	전보다	
уморен	힘든, 피곤한	성·수 변화 уморен–уморена–уморено–уморени умора 피곤(함)
приключвам / да приключа	끝나다	
изпитна сесия	시험 기간	изпит 시험 　　사сесия 기간
току-що	방금 전에	
последен	마지막의	성·수 변화 последен–последна–последно–последни
труден	어려운	성·수 변화 труден–трудна–трудно–трудни ↔ лесен–лесна–лесно–лесни 쉬운
Мисля, че ~	~라고 생각한다	
Дано ~ да ~	~가 ~하기를 바라요	Дано той да не закъснее. 그가 늦지 않기를 바라요.
вземам / да взема изпит	시험을 통과하다	
изпит по ~	~ 과목 시험	
изкарвам / да изкарам	얻다, 벌다	Как да изкарам шестица? 어떻게 하면 6점(만점)을 받을 수 있지?
съответно	각각	
шегувам се	농담하다	шега 농담
гений	천재	↔ глупак 바보, 머저리
внимателно	주의 깊게	внимание 주의
донасям / да донеса	가져오다	↔ занасям / да занеса 가져가다
домашно	숙제	[형용사] 성·수 변화 домашен–домашна–домашно–домашни 홈메이드의
иначе	그렇지 않으면	

회화

Петър	Г-це Хайонг! Здравейте! Изглеждате много уморена. Кога ще приключи изпитната сесия?
Хайонг	Току-що положих последния си изпит. Много ми беше трудно, но мисля, че се справих доста добре.
Пстър	Дано преподавателката Ви да Ви пише добра оценка.
Хайонг	Благодаря. Вчера вече взех два изпита по математика и история. Изкарах 94 и 96 точки от 100, съответно.
Петър	Шегувате ли се? Вие сте гений!
Хайонг	Благодаря Ви за комплиментите! Много внимателно си четох учебниците.

뻬떠르	하영씨! 안녕하세요! 많이 피곤해 보이네요.
	시험 기간이 언제 끝나나요?
하영	방금 전에 마지막 시험을 봤어요.
	저에게는 너무 어려웠지만, 꽤 잘 해냈다고 생각해요.
뻬떠르	당신의 선생님이 당신에게 좋은 점수를 (써)주기를 바라요.
하영	감사합니다.
	어제 이미 수학 시험과 역사 시험을 통과했어요.
	100점 중에서 각각 94점과 96점을 받았죠.
뻬떠르	농담하는 거죠? 당신은 천재예요!
하영	칭찬해주셔서 감사합니다!
	교과서들을 아주 주의 깊게 읽었어요.

불가리아는 1학년(초등학교 1학년)부터 12학년(고등학교 3학년)까지 한 학교(**училище**)에서 공부합니다. 초·중·고등학교의 개념이 뚜렷하지 않지만 개별적인 단어는 존재합니다.

교육기관 образование			
детска градина	유치원	начално училище	소등힉교
училище	(초·중·고) 학교	средно училище	중학교
университет	대학교	гимназия	고등학교

과목 предмет			
математика	수학	химия	화학
физика	물리학	право	법학
икономия	경제학	политика	정치학
филология	언어학	литература	문학
бизнес администрация	경영학	история	역사

Ⓐ 미래시제

불가리아어에 미래시제는 **ще**를 통해 형성됩니다. **Ще**는 인칭에 상관없이 고정되어 사용되고 뒤에
오는 동사들만 인칭변화 합니다. 부정형은 **ще** 대신 **няма да**를 사용합니다.

● **съм** 동사 미래시제

az 나	ще бъда [부정형] няма да бъда	ние 우리	ще бъдем [부정형] няма да бъдем
ти 너	ще бъдеш [부정형] няма да бъдеш	вие 너희들, 당신(들)	ще бъдете [부정형] няма да бъдете
той/тя/то 그/그녀/그것	ще бъде [부정형] няма да бъде	те 그들	ще бъдат [부정형] няма да бъдат

● 미래시제 긍정형의 의문문

미래시제 의문문을 만드는 어순은 의문소사 **ли**를 사용한 「**ще**＋동사＋**ли**」입니다.

Соня, ще се върнеш ли рано? 쏘냐, 일찍 돌아올 거야?

Ще ми го донесете ли? 저에게 그것을 가져다주실래요?

● 미래시제 부정형의 의문문

미래시제 부정형의 의문문은 의문소사 **ли**를 사용한 「**няма**＋**ли**＋**да**＋동사」의 어순을 따릅
니다.

Соня, няма ли да се върнеш рано? 쏘냐, 일찍 안 돌아올 거야?

Няма ли да ми го донесете? 저에게 그것을 안 가져다주실 거예요?

Ⓑ 과거시제

● **съм** 동사 과거시제

2인칭, 3인칭 단수 형태는 '**съм** 동사'의 과거시제 뿐만 아니라 일반동사 과거시제에서도 동일한
형태를 갖습니다. 부정형은 '**съм** 동사' 과거형 앞에 **не**를 첨가하면 됩니다.

аз	бях	[부정형] не бях	ние	бяхме	[부정형] не бяхме	
ти	бeшe	[부정형] не бeшe	вие	бяхте	[부정형] не бяхте	
той/тя/то	бeшe	[부정형] не бeшe	те	бяха	[부정형] не бяха	

● 일반동사 과거시제

다양한 과거시제 중 가장 일반적으로 사용되는 것이 바로 '아오리스트(аорист, минало свършено време)'입니다. 아오리스트는 과거의 행위가 현재까지도 지속되거나 반복될 수 있음을 나타내는 다른 과거 시제들과 다르게 과거에 이미 완벽히 끝난 행위를 전달합니다.

주의 ☆ 아오리스트 형태는 주로 완료상 동사를 통해 형성됩니다. (불완료상도 가능)

3식 동사		
어미	ам, ям	м 삭제 후 + 인칭변화 어미
인칭	인칭변화 어미	попитам (묻다, 질문하다)
аз	х	попитах
ти	–	попита
той/тя/то	–	попита
ние	хме	попитахме
вие	хте	попитахте
те	ха	попитаха

2식 동사			
어미	자음 + я	я 삭제 후 + 인칭변화 어미	
	оя	я 삭제 후 + 인칭변화 어미	
	жа, ча, ша	а 사제 후 + 자음 전환 없이 + 인칭변화 어미	
인칭	인칭변화 어미	направя (하다, 만들다)	реша (결정하다)
аз	их	направих	реших
ти	и	направи	реши
той/тя/то	и	направи	реши
ние	ихме	направихме	решихме
вие	ихте	направихте	решихте
те	иха	направиха	решиха

※ жа, ча, ша로 끝나는 2식 동사는 아오리스트 형태를 만들 때 자음 전환이 없습니다.

свърша (완료상) = 끝나다

2식 동사 → 아오리스트에서 자음 전환 (X)　　→　свърших, свърши, ... свършиха

1식 동사 아오리스트형이 어려운 이유는 어미「자음＋а」가 세분화되기 때문입니다.

<table>
<tr><td colspan="4" align="center">1식 동사</td></tr>
<tr><td rowspan="7">어미</td><td rowspan="5">자음 + a</td><td>ка, да, та, са, за</td><td>a 삭제 후 + 인칭변화 어미</td></tr>
<tr><td>ма</td><td>ма 삭제 후 + 인칭변화 어미</td></tr>
<tr><td>на, ва</td><td>삭제 없이 + 인칭변화 어미</td></tr>
<tr><td>ра</td><td>a 삭제 후 + я 삽입 후 + 인칭변화 어미</td></tr>
<tr><td>ера</td><td>е 삭제 후 + 인칭변화 어미</td></tr>
<tr><td colspan="2">ая, ея, ия, уя</td><td>я 또는 е 삭제 후 + 인칭변화 어미</td></tr>
<tr><td colspan="2">жа, ча, ша</td><td>a 살리고 + 자음 전환 + 인칭변화 어미</td></tr>
</table>

※주의 : ка, да, та, са, за 제외한 나머지

인칭	인칭변화 어미		
		приема (수용하다)	седна (앉다)
аз	х	приех	седнах
ти	-	прие	седна
той / тя / то	-	прие	седна
ние	хме	приехме	седнахме
вие	хте	приехте	седнахте
те	ха	приеха	седнаха
		избера (선택하다)	живея (살다)
		избрах	живях
		избра	живя
		избра	живя
		избрахме	живяхме
		избрахте	живяхте
		избраха	живяха

※ жа, ча, ша로 끝나는 1식 동사는 아오리스트 형태를 만들 때 자음 전환이 일어납니다.

кажа (완료상) = 말하다

1식 동사 → 아오리스트에서 자음 전환 (○)　　　→ казах, каза, … казаха

напиша (완료상) = 쓰다

1식 동사 → 아오리스트에서 자음 전환 (○)　　　→ писах, писа, … писаха

1식 동사 어미 중 ка, да, та, са, за만 다른 아오리스트 인칭변화 어미를 갖습니다.

인칭	인칭변화 어미	облека (입히다)	отида (가다)
аз	ох	облякох	отидох
ти	е	облече	отиде
той / тя / то	е	облече	отиде
ние	охме	оbyляkохме	отидохме
вие	охте	облякохте	отидохте
те	оха	облякоха	отидоха

※ 아오리스트를 사용할 때 다음의 내용을 주의해야 합니다.

① 불완료상에 접두사를 첨가해서 완료상이 형성된 경우 8과 내용 참고, 접두사가 갖는 고유의 의미를 적용하지 않으려면 불완료상으로 아오리스트를 만듭니다.

→ 불완료상으로 아오리스트를 만들면 접두사가 갖는 고유의 의미와 상관없이 그 행위 자체만을 강조할 수 있습니다.

불완료상 **правя** / 완료상 **да на**правя (접두사 **на** = 끝까지)

일회성의 의미 (+ 접두사 고유의 의미)

나 어제 숙제 10페이지 중 6페이지만 했어.

'어제 한 번 한 행위이긴 한데 / 끝까지 한 행위는 아니야'

완료상 사용 가능　　　　　　완료상 사용 불가능

* 접두사 고유 의미를 무시하고 한 번 한 행위라고 무조건 완료상인 **на**правих을 썼을 때, 이 문장의 주어는 숙제를 한번 한 것 뿐만 아니라 숙제를 (+ 끝까지, 10페이지 중 10페이지 모두) 다 끝내버린 성실한 학생의 의미까지 담게 됩니다.

Вчера аз направих **домашното.** 나 어제 숙제 한번 (+ 끝까지 다) 했어.

→ 불완료상으로 아오리스트를 만들면 끝까지 했는지 안 했는지는 관심 없고, '숙제를 했다'는 행위 자체만을 강조합니다.

Вчера аз правих домашното. 나 어제 숙제 했어.

= 10페이지 중 1페이지를 했는지 9페이지를 했는지는 관심 없고, 일단 숙제라는 행위를 하긴 했어.

② 아오리스트에서 **ти, той/тя/то**가 아무런 어미를 갖지 않기 때문에 현재시제 **той/тя/то** 형태와 헷갈릴 수 있습니다.

Той прави шопска салата.

[현재시제]　**правя, правиш, прави, ... правят** = 그는 숍스카 샐러드를 만들고 있다.

[과거시제]　**правих, прави, прави, ... правиха** = 그는 숍스카 샐러드를 만드는 행위를 했다.

→ 문장 내 이제, 지난 주와 같이 과거를 나타내는 단어를 첨가합니다.

Вчера той прави шопска салата. = 어제 그는 숍스카 샐러드를 만드는 행위를 했다.

③「동사 **да** 동사」의 경우 **да** 뒤에 오는 동사에는 절대 과거시제가 올 수 없습니다. **да** 앞에 오는 동사만 과거시제로 쓰입니다.

I want to go의 과거형　　　= I wanted to go

→ **Аз исках да отида** ≠ **Аз исках да отидох**

трябва да의 경우도 **да**를 기준으로 앞에오는 **трябва**만 과거형인 **трябваше**로 바뀝니다.

Трябваше да отида. 갔었어야 했다.　　　**Трябваше да го попитам.** 그에게 물어봤어야 했다.

1. 다음 〈보기〉와 같이 주어진 동사를 아오리스트 형태로 인칭변화를 적어 보세요.

| 보기 | съблека (완료상) 벗기다

➡ съблякох-съблече-съблече-съблякохме-съблякохте-съблякоха

(1) тръгна
(완료상) 출발하다
➡ ____.

(2) повторя
(완료상) 반복하다
➡ ____.

(3) спра
(완료상) 멈추다
➡ ____.

(4) взема
(완료상) 갖다, 얻다
➡ ____.

2. 다음 〈보기〉와 같이 현재시제 동사를 과거시제와 미래시제 동사로 적어 보세요.

| 보기 | Всеки ден се качвам на автобус № 70.

И вчера се качих на автобус № 70, и утре ще се кача на автобус № 70.

(1) закусвам/да закуся
아침 식사를 하다
Всяка сряда не закусваш.
И предишната сряда не ___________, но следващата сряда ___________.

(2) заспивам/да заспя
잠들다
Обикновено заспиват преди 11 часа.
И снощи в 10 часа ___________, но днес ___________ рано защото в 11: 30 има футболен мач.

(3) отивам/да отида
가다
Всяка година отиваме на екскурзия.
Преди няколко месеца ___________ на екскурзия, и следващата седмица ___________ на екскурзия на остров Чеджу.

3. 다음 〈보기〉와 같이 문법적으로 틀린 부분을 찾아 올바르게 고쳐 보세요.

> | 보기 | Вчера Иван донесохме нови обувки.
>
> ➡ Вчера Иван донесе нови обувки.

(1) Миналият път избрах червени панталони.　　　　　* червен 빨간

➡ ____

(2) Нямаш ли да дойдеш?

➡ ____

(3) Трябваше да му позволиха да влезе.

➡ ____

(4) Аз живех със съквартирантката си.　　　　　* съквартирантка (여) 룸메이트

➡ ____

4. 녹음을 듣고 빈칸을 채워 보세요.　　　　　🔊 MP3 12-4

(1) Елена　Как ___________ ___________ ___________ български език?

　　Лия　Много ми ___________ трудно.

(2) Елена　Вчера си ___________ домашното.

　　Лия　___________ ли го?

　　Елена　Още не. Но ___________ ___________,
　　　　　че днес ще мога да го ___________.

(3) Елена　Трябва да побързаме! Иначе ___________ закъснеем.

　　Лия　Колко е часът?

　　Елена　Десет и половина.

　　Лия　Успокой се! ___________ ___________ ___________.
　　　　　Имаме време!

(4) Елена　Защо не му ___________ учебника на Венета?

　　Лия　Не можах.
　　　　　И аз ___________ ___________ уча по нейния учебник.

소피아 대학교

소피아 대학교는 1888년 창립된 불가리아 최초의 대학교입니다. 웅장한 건물 외관에 걸맞게 불가리아뿐만 아니라 발칸 국가들로부터도 높은 명성을 자랑하며, 인문계열뿐만 아니라 이공계 계열 학과까지도 두루 갖춘 불가리아 최고의 대학교입니다.

한국과 불가리아 대학교 간에는 두 개의 큰 차이점이 있습니다.

첫째로, 각자 다른 건물을 사용하긴 하지만 모든 단과대학이 한 공간에 모여 있는 한국 대학교와는 다르게 불가리아의 단과대학들은 뿔뿔이 흩어져 있습니다. 넓은 대학교 캠퍼스 내에서 교양 수업을 듣기 위해 다른 건물로 10~15분 걸어가는 정도가 아니라 교통수단을 이용하여 수십 분을 가야 할 정도로 소피아 시내 곳곳에 위치해 있습니다.

두 번째로, 3월 초에 새로운 학기가 시작되는 한국과 다르게 불가리아에서는 10월 초에 학기가 시작됩니다. 즉, 10월 초부터 1월 말까지의 겨울학기가 시작 학기가 되고, 2월 중순부터 6월 중순까지이 여름학기가 한 학년을 끝내는 끝 학기가 되는 것입니다. 기간에서 보이는 바와 같이 겨울학기가 끝나고 여름학기가 시작되기 전까지 보름 정도의 시간밖에 없는 것에 비해 여름학기가 끝나고 겨울학기가 시작될 때까지는 거의 3개월 반 정도의 여름 방학이 주어집니다. 1년 동안 공부하느라 고생한 학생들뿐만 아니라 대부분의 교직원까지도 여름 휴가를 떠나기 때문에 학교 전체가 조용합니다. 교환학생이나 국비 장학생으로 유학을 떠나려는 한국 학생들이 여름만 되면 소피아 대학교와 연락이 안 돼서 애를 먹는 이유도 바로 이 때문입니다.

본관의 시설들과 설비들이 많이 노후 되긴 했으나 낡은 모습에서 느껴지는 소피아 대학교의 역사와 전통, 세월이 도리어 고풍스러움을 자아내면서 학교 임에도 불구하고 관광객들이 한 번쯤은 들렀다 가는 불가리아의 자랑스러운 명소가 되었습니다.

Не казвай на никого!

아무에게도 말하지마!

학습 포인트

불가리아어 명령형은 단순히 명령 뿐만 아니라 '권유, 허가'의 의미까지 담습니다. 직접적으로 명령한 내용을 간접적으로 전달하는 방법과 да의 다양한 용법을 배워 불가리아어 수준을 더욱 높여보겠습니다.

주요 문법

- 명령형
- да의 용법

단순 명령형

Елате тук веднага!	이 쪽으로 당장 오세요!
Дръжте се здраво!	꽉 잡으세요!
Не се тревожи!	걱정하지 마!
Недей да плачеш!	울지마!

복합 명령형

Нека да каже!	(그/그녀/그것)이 말하게 해!
Да си тръгнем веднага!	당장 (집으로) 출발하자!
Нека да не знае!	(그/그녀/그것)이 모르게 해!
Да не мисля за това!	이것에 대해 생각하지 말자!

да의 용법

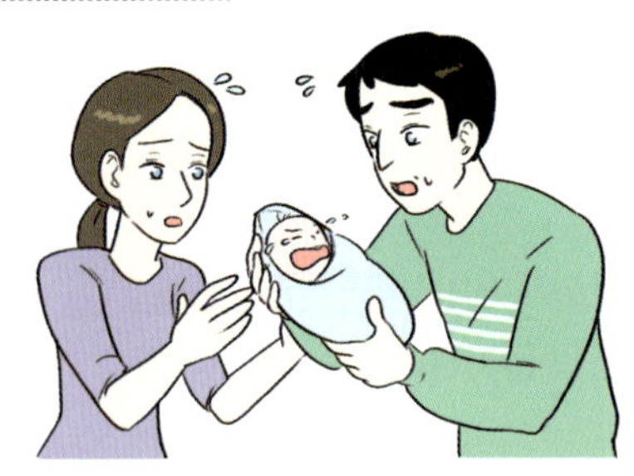

Нямам време да те чакам.

너를 기다릴 시간이 없어.

Чакам да ти го върна.

너에게 그것을 돌려주기 위해 기다리고 있어.

Да си родител е трудна задача.

부모가 되는 건 어려운 과제이다.

단어	뜻	비고
тревожа се	걱정하다	тревога 걱정
довечера	오늘 밤	= тази вечер
по случай ~	~를 기념하여	
край	끝	↔ начало 시작
показвам / да покажа	보여주다	
събирам се / да се събера	모이다	събирам / да събера ~를 모으다
премахвам / да премахна	제거하다	
достъпен	접근 가능한	성·수 변화 достъпен–достъпна–достъпно–достъпни достъп 접근
забавление	즐거움	забавлявам се 즐기다 забавлявам ~를 즐겁게 하다
звучи ~	~하게 들린다	изглежда ~하게 보이다
безплатен	무료의	성·수 변화 безплатен–безплатна–безплатно–безплатни безплатно 무료로, 공짜로
запазвам / да запазя в тайна	비밀에 부치다	запазвам / да запазя 지키다, 유지하다
повтарям / да повторя	반복하다	
подробен	자세한	성·수 변화 подробен–подробна–подробно–подробни подробност 디테일
щом	~라면, ~하자마자	
мога	할 수 있다	아오리스트 можах–можа–можа–можахме–можахте–можаха
отслабвам / да отслабна	살 빼다	отслабване 체중감량
моля / да помоля	부탁하다, 기도하다	목적격을 요하는 동사
убеждавам / да убедя	설득하다	
изобщо не	전혀	
изхитрявам се	꾀 부리다, 영악한 행동을 하다	[형용사] хитър–хитра–хитро–хитри 교활한, 영악한
плача	울다	плач 울음
лъжа	거짓말하다	

Чеджун	Рали! Довечера ще има студентско парти по случай края на семестъра. Ела и ти, ако си свободна тази вечер.
Ралица	Дай да видя поканата!
Чеджун	Ето я, виж! Тук пише "Нека да се съберем и да премахнем главоболието от твърде многото учене! Очакват ви достъпни цени, хубава музика и гарантирано забавление."
Ралица	Звучи интересно. Входът е само 4 лева. Идеално!
Чеджун	Ако решиш да дойдеш, мога да ти дам безплатен билет. Един мой приятел работи в клуба. Но Рали, шшш...! Не казвай на никого. Моля те, запази връзката ми с клуба в тайна, иначе и другите ще поискат да влязат безплатно.

재준	랄리! 오늘 밤에 종강을 기념해서 학생파티가 있어.
	오늘 밤에 한가하면 너도 와.
랄리짜	초대장 좀 보게 줘봐!
재준	여기 있어, 봐! 여기에 "함께 모여서 지나친 학습량으로 인한 두통을 날려버립시다!
	적당한 가격, 훌륭한 음악, 보장된 즐거움이 여러분을 기다리고 있습니다."라고 쓰여 있어.
랄리짜	흥미롭게 들리네. 입장료가 4레바 밖에 안 해. 완벽하다!
재준	만약 네가 오겠다고 결정하면, 너에게 무료 티켓을 줄 수 있어.
	내 친구 한 명이 클럽에서 일하거든.
	하지만 랄리, 쉿…! 아무에게도 말하지 마.
	너에게 부탁할게, 내가 클럽과 연관이 있다는 걸 비밀로 해줘.
	그렇지 않으면 다른 애들도 무료로 입장하기를 원할 거야.

불가리아어에는 굳은 의지를 위한 명령형 표현들과 명령형을 사용하는 격언, 속담들이 있습니다.

표현과 격언 Изрази и поговорки		
Да запретнем ръкави!	**запретна** 걷어올리다	[직역] 소매를 걷어붙이자! = 어떤 일을 적극적으로 시작하다
Плюй си на ръцете!	**плюя** 침을 뱉다	[직역] 자신의 손에 침을 뱉어! = 작정하고 일에 덤벼들다
Кажи ми какви са приятелите ти, за да ти кажа какъв си.	**кажа** 말하다	[직역] 네가 어떤 사람인지 맞혀볼게. 　　　너의 친구들에 관해 이야기해봐. = 끼리끼리 논다, 유유상종
Не се хвали какъв си бил, а какъв си сега.	**хваля се** 자랑하다	과거에 어떤 사람이었는지 자랑하지 말고 현재 어떤 사람인지를 이야기해.

Ⓐ 명령형

불가리아어에는 '반말 명령형'과 '존댓말(또는 여러 명) 명령형'이 있습니다. 동사의 어미를 변화시키는 '단순 명령형'과 동사 앞에 새로운 요소를 첨가하는 '복합 명령형'으로 나뉩니다.

● 단순 명령형

1인칭 단수(аз) 동사 형태 중 뒤에서 두 번째 알파벳이 자음인 경우와 모음인 경우로 구분되어 서로 다른 명령형 어미를 갖습니다.

뒤에서 두 번째가 자음		뒤에서 두 번째가 모음	
반말	–и	반말	–й
존댓말	–ете	존댓말	–йте

명령형은 한번의 행위에 대한 바람을 나타내기 때문에 주로 완료상이 쓰입니다. 하지만 행위 자체에 집중하거나 행위가 반복되길 바라는 경우 불완료상도 사용 가능합니다.

вземам / да взема 갖다 → Вземи! 가져! Вземете! 가지세요!

чакам / да почакам 기다리다 → Почакай! (조금만) 기다려!
Почакайте! (조금만) 기다리세요!

чета / да прочета 읽다 → Чети! 읽어! Четете! 읽으세요!
Прочети! 다 읽어! Прочетете! 다 읽으세요!

※ 한번의 행위일지라도 긴급한 상황에서는 불완료상 동사도 쓰입니다.

скачам / да скача 점프하다 → Скачай! (지금 당장) 뛰어!
Скачайте! (지금 당장) 뛰세요!

위의 명령형 어미를 벗어나 독특한 방식으로 명령형을 만드는 예외 동사들도 있습니다.

예외 동사			
ям	Яж(те)! 먹어(요)!	вляза	Влез(те)! 들어와(요)!
видя	Виж(те)! 봐(요)!	изляза	Излез(те)! 나가(요)!
държа	Дръж(те)! 잡아(요)!	отида	Иди! 가! / Идете! 가세요!
съм (бъда)	Бъди! ~해라! / Бъдете! ~하세요!	дойда	Ела! 와! / Елате! 오세요!

Елате тук веднага! 당장 이 쪽으로 오세요!

Бъди все така красива! 계속 그렇게 아름다워라!

[단순 명령형의 부정형]

긍정 명령에서는 완료상과 불완료상이 모두 사용되나 부정 명령에서는 반드시 불완료상 동사만 사용됩니다.

① не를 통한 부정형

긍정형과 마찬가지로 **не** 뒤에 명령형 어미 형태가 사용됩니다.

събуждам / да събудя ~를 깨우다   **Не го** събуждай! 그를 깨우지 마!

Не го събуждайте! 그를 깨우지 마세요!

казвам / да кажа 말하다   **Не** казвай! 말하지 마!

Не казвайте! 말하지 마세요!

② недей(те) да를 통한 부정형

недей да 뒤에 2인칭 단수 동사, **недейте да** 뒤에 2인칭 복수 동사가 사용됩니다.

Недей да говориш повече! 더 이상 말하지 마!

Недейте да говорите повече! 더 이상 말하지 마세요!

● 복합 명령형

복합 명령형에서는 да, нека да가 동사 앞에 위치하여 명령의 의미를 전달합니다.
너(**ти**)와 **вие**(너희들, 당신)에 대한 명령만 전달하던 단순 명령형과 다르게 복합 명령형은 모든 인칭과 수에 대한 명령이 가능하며 허락의 뉘앙스도 갖습니다.

Нека да знам! (내가) 알게 해!   **Да повтори!** (그/그녀/그것)이 반복하게 해!

Нека да обяснят по подробно! (그들이) 더 자세히 설명을 하게 해!

1인칭(**аз**, **ние**) 형태는 '~하자!'라는 권유의 의미로 해석되기도 합니다.

Да мисля! (내가) 생각하게 해!   →   (내가) 생각해보자!

Нека да вземем следния пример! (우리가) 다음의 예시를 들어보게 해!

→   (우리가) 다음의 예시를 들어보자!

[복합 명령형의 부정형]

긍정형과 마찬가지로 동사 앞에 да не, нека да не가 첨가됩니다.

Нека да не знам! (내가) 모르게 해!   **Да не пее!** (그/그녀/그것)이 노래를 못 부르게 해!

Нека да не излизат от стаята! (그들이) 방에서 못 나가게 해!

1인칭(**аз, ние**) 형태는 '~하지 말자!'라는 의미로 해석되기도 합니다.

Да не излизам! (내가) 나가지 말게 해!　　　　　　　　→ (내가) 나가지 말자!

Нека да не мислим за това! (우리가) 이것에 대해 생각하지 말게 해!

→ (우리가) 이것에 대해 생각하지 말자!

Ⓑ да의 용법

불가리아어의 **да**는 영어의 **to** 부정사와 같은 역할을 합니다. **to** 부정사가 명사적·형용사적·부사적 용법을 갖듯이 불가리아어의 **да**도 세 가지 용법을 갖습니다.

● 명사적 용법

명사적 용법에서는 '**да** 동사'가 '~하는 것, ~하기'로 해석됩니다.

(1) 주어

Ефикасно ли е да си мием лицето със студена вода?

찬물로 세수하는 것이 효과적입니까?

Да си родител е трудна задача. (네가) 부모가 되는 것은 어려운 과제이다.

(2) 목적어

Искам да си тук. 네가 여기에 있기를 바라.

Не можах да му го върна, защото забравих да го взема.

그걸 가져오는 것을 잊었기 때문에, 그에게 그것을 돌려주지 못했어.

(3) 주격 보어

'**да** 동사'가 주어를 보충, 수식하는 의미에서 사용됩니다.

Най-добрият начин за отслабване е да спрете да се храните със сладки храни. 체중 감량을 위한 가장 좋은 방법은 단 음식 섭취를 멈추는 것이다.

(4) 목적격 보어

'**да** 동사'가 (직접, 간접)목적어를 보충, 수식하는 의미에서 사용됩니다.

Шефът ми ме помоли да им се обадя. 나의 상사는 내가 그들에게 전화하기를 부탁했다.

명령문을 간접화법 즉, 대화자 간(A–B)에 직접적으로 전달된 명령이 대화에 참여하지 않았던 다른 이들(C–D)에 의해 간접적으로 전달될 때 사용되는 '**да** 동사' 형태가 바로 이 목적격 보어에 해당됩니다.

A와 B의 대화 → 간접화법(예를 들어 A–B 사이에서 있었던 일을 C가 D에게 전달하는 상황)

A: В, прочети статията! А каза на В да прочете статията.

B야, 기사를 다 읽어! A가 B에게 기사를 다 읽으라고 말했어.

[президент와 министри의 대화]

Президент : Помогни на бежанците! 대통령 : 난민들을 도와줘!

→ Президентът нареди на министрите да помогнат на бежанците. 대통령이 장관들에게 난민들을 도와줄 것을 명령했어.

> **주의** ☆
>
> '**да** 동사'가 (직접, 간접)목적어를 보충·수식하기 때문에 동사의 실제 행위자는 목적어가 됩니다. 따라서 '**да** 동사'에서 동사의 인칭은 (직접, 간접)목적어의 인칭과 일치됩니다.
>
> Президентът нареди на министрите да помогнат на бежанците.
>
> 일치

● 형용사적 용법

형용사적 용법에서는 '**да** 동사'가 '~할'으로 해석됩니다.

Имам таен план да убедя Майк. 마이크를 설득할 비밀의 계획이 있어.

Няма защо да ми благодариш. 나에게 고마워 할 이유가 없어.

「의문사+**да**」의 형태도 형용사적 용법으로 해석할 수 있습니다.

Не знам какво да направя. 무엇을 해야 할지 모르겠어.

Обясни ми как да разбера дали Соня ме харесва.

쏘냐가 나를 좋아하는지 아닌지 알아낼 방법을 나에게 설명해줘.

Не ми казаха къде да поставя тези книги.

이 책들을 어디에 두어야 할지 말해주지 않았어요.

● 부사적 용법

부사적 용법에서는 '**да** 동사'가 '~하기 위해'로 해석됩니다.

Дойдох да ти кажа да не разчиташ на мен. 나한테 의지하지 말라고 말하기 위해 왔어.

Ставам да ям през нощта. 밤에 먹기(야식) 위해 일어난다.

1. 다음 〈보기〉와 같이 주어진 동사의 완료상을 통해 단순 명령형을 '반말'과 '존댓말'로 만들어 보세요.

| 보기 | събувам се / да се събуя 신발을 벗다

➡ 반말: **Събуй се!** 존댓말: **Събуйте се!**

(1) закусвам/да закуся 아침 식사를 하다 ➡ 반말 : _______________________

(2) влизам/да вляза 들어가다 ➡ 반말 : _______________________

(3) отговарям/да отговоря 대답하다 ➡ 존댓말 : _______________________

(4) отивам/да отида 가다 ➡ 존댓말 : _______________________

(5) приемам/да приема 받아들이다 ➡ 존댓말 : _______________________

2. 다음 〈보기〉와 같이 주어진 질문에 대해 부정 명령형으로 답해 보세요.

| 보기 | Да отворя ли прозореца? (отварям / да отворя 열다)

➡ 반말: **Не, недей да го отваряш!** 존댓말: **Не, недейте да го отваряте!**

(1) Да предам ли тетрадките?

предавам/да предам 전달하다 ➡ 반말 : Не, _______ да _______________ !

(2) Да попитам ли Иван?

питам/да попитам 질문하다, 묻다 ➡ 반말 : Не, _______ да _______________ !

(3) Да покажа ли снимката?

показвам/да покажа 보여주다 ➡ 존댓말 : Не, _______ да _______________ !

(4) Да кажа ли на Мария и Яна?

казвам/да кажа 말하다 ➡ 존댓말 : Не, _______ да _______________ !

3. 다음 〈보기〉와 같이 A가 부탁한 내용을 да를 이용하여 간접화법 문장으로 바꾸어 보세요.

A: Росене, моля те, донеси чадъра!

➡ А помоли Росен да донесе чадъра.

(1) A: Росен и Крум, моля ви, събудете се по-рано!

➡ А помоли Росен и Крум ＿＿＿＿＿＿＿＿＿ по-рано.

(2) A: Соня и Габи, моля ви, обадете му се към 6 часа.

➡ А помоли Соня и Габи ＿＿＿＿＿＿＿＿＿ към 6 часа.

(3) A: Г-це Иванова, моля Ви, не се тревожете!

➡ А помоли г-ца Иванова ＿＿＿＿＿＿＿＿＿.

(4) A: Г-н Петров, моля Ви, говорете по-ясно!

➡ А помоли г-н Петров ＿＿＿＿＿＿＿＿＿ по-ясно.

4. 녹음을 듣고 빈칸을 채워 보세요.　　　　　　　　　　　🔘 MP3 13-4

Лили　Синът ми е на 4 години. Той изобщо не ＿＿＿＿＿ слуша.

Вчера му ＿＿＿＿＿ "Борисе, моля те, не играй на масата!

Опасно е! ＿＿＿＿＿ веднага!".

Ирина　Той ＿＿＿＿＿ ли на масата? Сладурче!

Лили　Да, голям сладур е, но вчера много се изхитри.

На обяд, аз му приготвих сандвич.

Но когато баща му ＿＿＿＿＿ ＿＿＿＿＿ от работа,

започна да плаче и му ＿＿＿＿＿ "Тате, гладен съм... Мама

не ми ＿＿＿＿＿ никаква храна".

Ирина　И какво каза ＿＿＿＿＿ ти?

Лили　"Не ＿＿＿＿＿! Лъхаш на сандвич, когато ＿＿＿＿＿!"

불가리아에서 폭행, 살인 등과 같은 강력 범죄는 잘 일어나지 않습니다. 하지만 소매치기가 빈번히 일어나기 때문에 길거리를 다닐 때 항상 주의해야 합니다. 앞이나 옆으로 메는 가방보다 백팩이 소매치기의 표적이 될 가능성이 높으므로 권장하지 않으나 그래도 백팩을 이용할 경우에는 사람이 많은 곳 뿐만 아니라 한적한 곳에서도 신경을 써야 합니다.

불가리아의 거리에서는 집시들을 흔히 볼 수 있는데, 그들을 무시하거나 조롱하는 태도 또는 돈이나 음식을 주는 행위 등은 특히 삼가해야 합니다.

다른 유럽 국가들에 비해 아시아인의 수가 많지 않은 불가리아에서 검은 머리에 검은 눈동자를 가진 아시아인은 언제나 관심의 대상이 됩니다. 낮에는 아름다운 산책로이지만 밤에는 각종 무리의 모임 장소가 되는 공원(특히, 공원에서도 으슥한 곳)을 되도록 혼자서 지나가지 말고, 시위가 있는 날에는 감정이 격해져 있는 사람들 근처에 가지 않는 것이 좋습니다.

외국인을 상대로 사기를 치는 택시기사들도 있습니다. 미터기를 조작하는 사람, 길을 일부러 돌아가는 사람, 돈을 안 받았다고 우기는 사람, 미리 들고 있던 작은 단위의 화폐와 바꿔치기 한 후 돈을 더 요구하는 사람 등 그 종류와 수법도 다양합니다. 불가리아에서 믿고 탈 수 있는 택시인 'OK택시'의 짝퉁 버전인 'CK택시(O에서 오른쪽 부분을 살짝 지운)'도 조심해야 합니다. 최근에 불가리아에서 택시를 부르는 애플리케이션이 출시되었습니다. 출발지와 도착지를 입력한 후 거리, 시간, 금액을 미리 확인할 수 있어 전화로 택시를 부르던 이전의 불편함과 어려움도 상당히 해소되었습니다.

Бил ли си там?

거기에 가본 적 있어?

학습 포인트

불가리아어에서 아오리스트 만큼이나 잘 쓰이는 과거 시제가 바로 현재완료입니다. 현재완료 시제를 통해 과거 사건의 단편적인 제시를 넘어 다양한 성격의 사건을 묘사해보겠습니다.

주요 문법

● 현재완료　　● 관계대명사

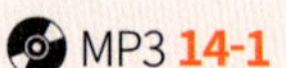

현재완료

Тя е отворила вратата.

그녀는 문을 열었다.

Кой е създал българската азбука?

누가 불가리아 알파벳을 만들었나요?

Бил ли си в България?

불가리아에 가본 적 있나요?

관계대명사

Прочете ли книгата, която ти дадох?

(내가) 너에게 준 책을 (끝까지) 다 읽었니?

Ето журналиста, с когото се запознах снощи.

이 기자가 어젯밤에 알게 된 사람입니다.

Ти трябва да учиш така, както те посъветвах.

너는 내가 (조금) 충고한 것처럼 그렇게 공부해야 한다.

단어	뜻	비고
азбука	문자	буква 알파벳
запознавам се / да се запозная с	~와 알게되다	
сувенир	기념품	
Чух, че ~	~라고 (내가) 들었다	
продавам	팔다	продавач 판매원
качествен	고품질의	성·수 변화 качествен–качествена–качествено– качествени качество 질, 품질　　количество 양
предлагам / да предложа	제안하다	предложение 제안
разнообразен	다양한	[합성어] разно(и)(다양한) + образ(형태) 성·수 변화 разнообразен–разнообразна– разнообразно–разнообразни
изключително	유난히, 특별히	изключение 예외
препоръчвам / да препоръчам	추천하다	
нямам представа	아이디어가 없다, 모르겠다	
интересувам се от ~	~에 관심, 흥미가 있다	
козметика	화장품	
откривам / да открия	열다, 발견하다, 개최하다	↔ закривам / да закрия 닫다, 덮다, 가리다
създавам / да създам	만들다, 창조하다, 설립하다	създател 창시자, 창조자
аудитория	강당	
рядко се среща	자주 접할 수 없다	
получавам / да получа	얻다	
полезен	유익한	성·수 변화 полезен–полезна–полезно–полезни
глупост	어리석음, 못난 짓	[형용사] глупав–глупава–глупаво–глупави 어리석은
поговорка	속담, 격언	= пословица 속담
поправям / да поправя	수리하다, 고치다	поправка 수리

Ралица	Чеджун, къде беше вчера?
Чеджун	Бях в Мола.
	Нали помниш онзи, където бяхме заедно преди?
Ралица	За София Мол ли говориш? Какво купи от там?
Чеджун	Трябваше да купя сувенири, но не успях.
	Чух, че до мстростанция "Сердика" има много магазини, където продават качествени сувенири.
	Рали, била ли си там?
Ралица	Да, много пъти. Там предлагат разнообразни сувенири на изключително ниски цени.
Чеджун	А можеш ли да ми препоръчаш какво да подаря на момиче? Нямам никаква представа...
Ралица	На тези, които се интересуват от козметика – продукти от Българска Роза! Сигурна съм, че ще им харесат!

랄리짜	재준아, 어제 어디 있었어?
재준	(쇼핑) 몰에 있었어.
	이전에, 우리가 같이 갔던 몰 기억하지?
랄리짜	소피아 몰 말하는 거야? 네가 거기서 뭘 샀어?
재준	기념품을 사야 했는데, 실패했어.
	"세르디카" 지하철역 옆에 품질 좋은 기념품을 파는 가게들이 있다고 들었어.
	랄리야, 넌 거기에 가본 적 있어?
랄리짜	응, 여러 번(가봤지). 그곳은 다양한 기념품들을 엄청 저렴한 가격에 제공해.
재준	소녀에게 선물할만한 걸 나에게 추천해줄 수 있니? 전혀 모르겠어….
랄리짜	코스메틱에 관심 있는 애들이라면 – 불가리아 장미 상품(을 추천해)!
	그들이 좋아할 거라고 확신해!

13과에서 배운 명령형 중 현재완료 시제를 사용하여 명령을 나타내는 방법도 있습니다.

стига + 현재완료 시제

13과에서 배운 명령형들이 '행위를 하지 말라'는 명령을 나타내는 반면, **стига**는 '행위를 충분히 했으니 이제 좀 그만하라'고 다그치는 느낌이 강합니다.

Стига! 하지마!, 그만 해!, 충분해!

Стига си мрънкал. (너) 충분히 쫑알댔어.　　　= 그만 좀 쫑알거려.

Стига сме пили. (우리) 충분히 마셨어.　　　= 그만 좀 마시자.

Стига сте говорили. (너희들) 충분히 말했어.　　　= 그만 좀 말해.

A 현재완료

● 형태

съм 동사 + л 분사

л분사 형성 방법 : 아오리스트 형태에서 x 대신 л 삽입

현재완료는 인칭 변화하지 않고 성·수에 따라 4가지 형태(남성 л, 여성 ла, 중성 ло, 복수형 ли)를 갖습니다.

учих 공부했다	→	учил, учила, учило, учили
правих 했다	→	правил, правила, правило, правили
пих 마셨다	→	пил, пила, пило, пили

단, дох나 тох로 끝나는 아오리스트 형태에서는 дох, тох를 모두 삭제한 후 л를 삽입합니다.

четох 읽었다	≠ четол	→	чел, чела, чело, чели
ядох 먹었다	≠ ядол	→	ял, яла, яло, яли

단, ох로 끝나는 아오리스트 형태에서는 о가 ъ로 바뀌어 ъл의 형태를 갖습니다.

облякох 입혔다	≠ облякол	→	облякъл, облякла, облякло, облекли
донесох 가져왔다	≠ донесол	→	донесъл, донесла, донссло, донесли
влязох 들어갔다	≠ влязол	→	влязъл, влязла, влязло, влезли

отидох 갔다 : д가 ш로 전환	→	отишъл, отишла, отишло, отишли
дойдох 왔다 : д가 ш로 전환, й 생략	→	дошъл, дошла, дошло, дошли

주의 ☆ съм 동사의 л 분사 형태 : бил, била, било, били

● 의미

과거에 '했다, 먹었다, 갔다' 등 과거 사건을 단편적으로 묘사하는 아오리스트와 다르게 현재완료는 다양한 의미 기능을 갖습니다.

(1) 과거 언젠가 시작된 행위의 결과가 현재까지 영향을 미칠 때

현재완료의 불가리아식 명칭은 **минало неопределено време**입니다.
неопределен(정의되지 않은) 즉, 과거의 일이기는 하나 그 시점이 정해지지 않고 정확한 시점이 딱히 중요하지도 않은 과거 사건에서 사용됩니다.

Баща ти ще купи ли подарък? 너의 아버지께서 선물을 사주신대?
→ **Вече** е купил. 이미 (과거 언젠가) 사주셨어.

그뿐만 아니라 영어의 현재완료와 마찬가지로 그 행위의 결과가 현재까지도 영향을 줄 때 사용됩니다.

[아오리스트] He opened the window.
Той отвори прозореца.

그가 창문을 열었어.

= 지금 창문이 열려있는지 닫혀있는지 현재 상태는 알 수 없음.

[현재완료] He has opened the door.
Той е отворил прозореца.

그가 창문을 열었어.

= 과거 언젠가에 창문을 열었던 행위가 현재까지도 지속되어 지금도 창문이 열려 있음.

(2) 내가 목격하지 못한 사건

[아오리스트] Тя влезе в стаята.

그녀가 방으로 들어왔어.

= (내가 인지하고 있는 상황) 그녀가 들어왔어.

[현재완료] Как е влязла в стаята?

그녀가 어떻게 방으로 들어왔지?

= (내가 목격하지 못한 상황) 그녀가 들어와 있긴 한데 대체 어떻게 들어온거지?

목격하지 못한 사건을 다루기 때문에 역사적 사건은 현재완료로 표현됩니다.

Христофор Колумб е открил Америка. 콜롬버스가 아메리카를 발견했다.
Кирил и Методий са създали азбуката. 끼릴과 메토디가 문자를 창제했다.

목격하지 못한 사건을 다루기 때문에 대화에서 쓰인 아오리스트는 간접화법으로 변경 시 현재완료로 전환됩니다.

A: Вчера купих нови сандали. 어제 새로운 샌달을 샀어.
B: Покажи ми ги утре! 내일 그들(샌달)을 보여줘!
B가 C에게 전달 → А каза, че е купил нови сандали. A가 새로운 샌달을 샀다고 말하더라.

(3) ~한 적 있다

현재완료는 과거의 경험을 말 할 때에도 사용됩니다.

Карали ли **сте** ски преди? 이전에 스키 타본 적 있으세요?

Аз **съм ходила** в Германия. 나는 독일에 가 본 적 있어.

Виждали ли **сме** се? 우리가 (서로) 본 적이 있나요?

● 어순

(1) 긍정문과 부정문

съм 동사와 **л** 분사가 자리싸움을 합니다. 앞에서 지켜주는 부분이 있으면 **съм** 동사가 **л**분사
를 치고 앞으로 나갈 수 있습니다.

<u>Вече</u> е влязъл в аудиторията.

→ **Влязъл е** в аудиторията. ^(그가) 벌써 강당에 들어갔다.

<u>Не</u> **е излязъл** от аудиторията. ^(그가) 강당에서 나오지 않았다.

대명사 단어미형이 붙는 경우에는 다음과 같은 어순을 따릅니다.

인칭	съм 동사 + 대명사 단어미형	예문
аз	съм се	Аз (съм се) облякъл/облякла.
ти	си се	Ти (си се) облякъл/облякла.
той/тя/то	се е	Той/тя/то (се е) облякъл/облякла/облякло.
ние	сме се	Ние (сме се) облекли.
вие	сте се	Вие (сте се) облекли.
те	са се	Те (са се) облекли.

⚠ 주의

• 3인칭 단수(**той/тя/то**)는 「대명사 단어미형＋**съм** 동사」의 어순을 갖습니다.

• 대명사 단어미형이 붙을 경우 **съм** 동사와 대명사 단어미형은 한 묶음이 되어 **л** 분사와 자리
싸움을 합니다.

<u>Вече</u> (съм се) гримирала. → **Гримирала** (съм се) вече. 이미 화장을 했어.

<u>Не</u> (съм се) гримирала.   화장을 하지 않았어.

- 2인칭 복수(вие/Вие)는 한 명에 대한 존칭을 나타내는 **Вие**의 경우에도 **л**분사 복수형태인 **−ли**를 사용합니다.

  Госпожо, били ли сте в София? 아주머니, 소피아에 가보셨나요?

⑵ 의문문

> л 분사 사용시 어순: **л 분사 + ли + съм 동사**

Учил ли си българcки език? 불가리아어를 공부해 본 적 있어?

Върнал ли (си го)? (너는) 그에게 그것을 돌려줬어?

Върнал ли (го е)? (그는) 그에게 그것을 돌려줬어?

⑶ 의문문 부정형

> л 분사 사용시 어순: **не + съм 동사 + ли + л 분사?**

Не сте ли учили китайски език? 중국어를 공부해 본 적 없으세요?

의문문 부정형에서 대명사 단어미형이 붙을 경우에는 '**съм** 동사'와 '대명사 단어미형'이 분리되어 「**не+съм** 동사+**ли**+대명사 단어미형+**л** 분사」의 어순을 따릅니다.

Не (сте) ли (го) върнали? (당신은) 그에게 그것을 돌려주지 않았나요?

Не (съм) ли (го) дал? (내가) 그걸 안 줬다고?

Ⓑ 관계대명사

관계대명사는 두 개의 문장을 연결하는 역할을 하며 두 문장에서 중복되는 단어를 설명할 때 사용됩니다. 불가리아어의 관계대명사는 의문사에 **то**를 첨가함으로써 형성됩니다.

의문사	кой-коя-кое-кои	какъв-каква-какво-какви	кога	къде	колко	как
관계대명사	който-която-което-които	какъвто-каквато-каквото-каквито	когато	където	колкото	както

Този мъж живее в София. 이 남자는 소피아에 산다.

+ **Той** е българин. 그는 불가리아 남자이다.

→ **Този мъж, който** живее в София е българин. 소피아에 사는 이 남자는 불가리아 남자이다.

Тази жена е красива. 이 여자는 아름답다.

+ Тя е на 40 години. 그녀는 40살이다.

→ Тази жена, която е на 40 години е красива. 40살인 이 여자는 아름답다.

Снощи срещнах Камен случайно. 어제 카멘을 우연히 만났어.

+ Снощи се изсипа силен дъжд. 어제 폭우가 내렸어.

→ Снощи, когато се изсипа силен дъжд срещнах Камен случайно.
폭우가 내리던 어젯밤에 (나는) 카멘을 우연히 만났어.

복합문에서 관계대명사가 특정한 선행사를 갖기도 합니다.

(1) **такъв, такава, такова, такива** 그러한

  → 어떠한? **какъвто, каквато, каквото, каквито**

Тя е такова момиче. 그녀는 그러한 소녀이다.

+ Такова момиче рядко се среща. 그러한 소녀는 자주 만날 수 없다.

→ Тя е такова момиче, каквото рядко се среща. 그녀는 자주 만날 수 없는 그런 소녀이다.

(2) **тогава** 그때 → 언제? **когато**

Ще се прибера тогава, когато ми се спи. 내가 자고 싶은 그때 집으로 돌아갈게.

(3) **там** 그곳 → 어디? **където**

Чантата ти е там, където си я поставил последно.
네 가방은 네가 그녀를 마지막에 둔 그 곳에 있어.

(4) **толкова** 그만큼 → 얼만큼? **колкото**

Ще ти дам толкова пари, колкото искаш. 네가 원하는 그만큼의 돈을 줄게.

(5) **така** 그렇게 → 어떻게? **както**

Направих така, както ти ми препоръча. 네가 나에게 추천한 대로 그렇게 했어.

소유를 묻는 의문사 **чий-чия-чие-чии**(누구의)도 다른 의문사들과 마찬가지로 의문사 자체에 **то**를 첨가해서 관계대명사를 만듭니다.

чийто-чиято-чието-чиито

관계대명사 **чийто-чиято-чието-чиито**의 성·수는 대상을 소유하고 있는 소유주의 성·수가 아니라 소유되는 대상의 성·수에 일치시킵니다.

Не искам да носÿ тази шапка. 나는 이 모자를 쓰고 싶지 않아.

+ **Цветът на тази шапка е червен.** 이 모자의 색깔은 빨간색이야.

→ **Не искам да носÿ тази шапка, чийто цвят е червен.**

나는 색깔이 빨간색인 이 모자를 쓰고 싶지 않아.

* 소유주(**тази шапка**)의 성　= 여성
　소유되는 대상(**цвят**)의 성　= 남성　→　소유되는 대상의 성에 관계대명사의 성을 일치

Влюбена съм в Росен. (나는) 로센에게 사랑에 빠졌어.

+ **Очите на Росен са големи.** 로센의 눈은 커.

→ **Влюбена съм в Росен, чиито очи са големи.** (나는) 큰 눈을 가진 로센에게 사랑에 빠졌어.

* 소유주(**Росен**)의 성　　　= 남성
　소유되는 대상(**очи**)의 성　= 복수형　→　소유되는 대상의 수에 관계대명사의 수를 일치

전치사를 갖는 동사의 경우 전치사를 관계대명사 앞에 위치시킵니다.

Аз познавам тази студентка. 나는 이 여학생을 알아.

+ **Той ми разказа за нея.** 그는 그녀에 대해 나에게 이야기했어.

→ **Аз познавам тази студентка, за която той ми разказа.**

그가 나에게 이야기 했던 이 여학생에 대해 알아.

1. 다음 〈보기〉와 같이 주어진 동사를 아오리스트 형태를 거쳐 현재완료 л분사 형태로 바꾸어 보세요.

> | 보기 | вляза (완료상) ➡ 아오리스트 : влязох
>
> 현재완료 л분사 : ВЛЯЗЪЛ, ВЛЯЗЛА, ВЛЯЗЛО, ВЛЕЗЛИ

(1) кажа [아오리스트 : казах] ➡ 현재완료 л분사 : _______________

(2) пиша [아오리스트 : писах] ➡ 현재완료 л분사 : _______________

(3) получа [아오리스트 : получих] ➡ 현재완료 л분사 : _______________

(4) взема [아오리스트 : взех] ➡ 현재완료 л분사 : _______________

2. 다음 〈보기〉와 같이 주어진 문장을 간접화법으로 바꾸어 보세요.

> | 보기 | Малина Вчера се срещнах с Иван.
>
> ➡ Малина каза, че вчера се е срещнала с Иван.

(1) Малина Вчера закусих в ресторанта.

➡ Малина каза, че вчера _______________ в ресторанта.

(2) Малина Снощи гледах един филм.

➡ Малина каза, че снощи _______________ един филм.

(3) Малина Миналата година прочетох 5 полезни книги.

➡ Малина каза, че миналата година _________ 5 полезни книги.

(4) Малина Вчера взех изпита по български език.

➡ Малина каза, че вчера _________ изпита по български език.

3. 다음 〈보기〉와 같이 주어진 동사를 사용하여 뒤에 오는 문장을 의문문으로 만들어 보세요.

> | 보기 |　тръгвам/да тръгна 떠나다, 출발하다
> Соня тръгна към Мола.
> ➡ А Камен и Софронис тръгнали ли са към Мола?

(1) връщам се/да се върна　　　　Крум се върна в Корея.
　　(제자리로) 돌아오다
　　　　　　　　　　　　　　　➡ А Росен ______________________?

(2) обаждам се/да се обадя　　　Току-що Яна му се обади.
　　전화하다
　　　　　　　　　　　　　　　➡ А Петър ______________________?

(3) ядосвам се/да се ядосам　　　Баба му се ядоса за глупости.
　　화나다
　　　　　　　　　　　　　　　➡ А дядо му ______________________?

(4) предавам/да предам　　　　　Господин Петров ѝ предаде книгата.
　　전달하다
　　　　　　　　　　　　　　　➡ Господин Иванов ______________________?

4. 녹음을 듣고 빈칸을 채워 보세요.　　　　　　　　　🔘 MP3 **14-4**

(1) A: ______________ ли ______________ в Сеул?
　　B: Не, не ______________ ______________ в Сеул.

(2) A: ______________ ______________ има една поговорка.
　　B: Каква?
　　A: ______________ не работи, няма да яде.

(3) A: Какво се е случило? ______________ ли си ми компютъра?
　　B: Съжалявам. Ще го поправя.

(4) A: Утре ще ти върна списанието.
　　B: А защо не ми го върна вчера?
　　A: Понеже майка ми ______________ ______________ ______________ на
　　　екскурзия, а тя ще се върне утре сутринта.

장미와 장미오일은 곧 불가리아를 의미합니다. 장미는 불가리아의 자연, 문화, 국민성 모두를 대변하며 장미를 통해 불가리아 사람들의 아름다움과 행복이 구현됩니다. 꽃의 여왕이라 불리는 장미는 고대부터 아름다운 모습과 향기 뿐만 아니라 치유의 효능이 있어 매우 높게 평가되어 왔습니다. 달콤하고 조화로운 꽃향기는 신경안정에 탁월하며 평안한 마음을 갖게 하여 사람들의 감정을 밝히는 역할도 합니다.

불가리아산 장미에서 추출해 낸 고품질의 오일 원액은 **течно злато**(흐르는 금)이라는 별칭에 걸맞게 (2015년 기준) **1kg**에 7,000유로(920만 원 가량)로 거래될 만큼 고가의 상품입니다.

이러한 불가리아산 장미 오일은 각종 미용 상품과 다양한 제품의 주재료가 됩니다. **Bulgarian Rose**Българска Роза나 **REFAN**에서 판매하는 핸드크림, 풋 크림, 비누, 향수, 보디 미스트, 입욕제, 헤어 에센스 등의 미용 상품들과 일반 마트에서 판매하는 장미 꿀이나 장미 와인과 같은 제품 등은 불가리아를 방문하는 관광객들이 가장 많이 구매해 가는 대표적인 기념품입니다.

'장미의 도시'로 불리는 '카잔륵Казанлик'이라는 불가리아 도시에서는 매년 6월 장미의 수확을 자축하고 이듬해의 풍년을 기원하는 장미 축제가 개최됩니다. 불가리아 축제 중 가장 유명하고 화려한 이 장미 축제 기간에는 '장미 아가씨 선발대회', 열기구를 타고 '장미 계곡 관람하기' 등의 다채로운 행사가 진행되어 전 세계의 이목을 끌며, 카잔륵 시에 위치한 세계 유일의 장미 박물관 또한 장미에 관심 있는 세계 각국의 관광객들을 유치하여 불가리아의 관광업에 크게 기여하고 있습니다.

УРОК

5

Утре ще се върна в Корея!

내일 한국으로 돌아갈 거야!

학습 포인트

문장 내 동사와 명사를 연결하는 전치사와 문장과 문장을 연결하는 접속사에 대해 배워보겠습니다. 단어와 단어, 문장과 문장을 연결하는데 중요한 역할을 하는 전치사와 접속사의 의미와 그 사용법을 다양한 예시들을 통해 살펴보겠습니다.

주요 문법

- 전치사
- 접속사

전치사

Той ще пътува за Пловдив с нощния влак.

그는 밤 기차를 타고 플로브디프로 여행을 갈 거야.

Река Дунав не минава през София.

듀나브강은 소피아를 통과하여 흐르지 않는다.

Соня постави голям куфар между Иван и Крум.

쏘냐가 소프로니스와 크룸 사이에 큰 여행 가방을 놓았다.

접속사

Тя закъсня за училище, защото автобусът пристигна с 20 минути закъснение.

버스가 20분 늦게 도착해서 그녀는 학교에 지각했다.

Независимо от съвета на родителите й, тя замина за Франция.

그녀의 부모님의 충고에도 불구하고, 그녀는 프랑스로 떠났다.

Макар и тя да не иска да слезе по стълбите, трябва да слезе, понеже в сградата няма асансьор.

그녀는 계단으로 내려가고 싶지 않지만, 건물 내에 엘리베이터가 없기 때문에 (계단으로) 내려가야 한다.

단어	뜻	비고
минавам / да мина	지나다	
поставям / да поставя	놓다, 두다	
пристигам / да пристигна	도착하다	
асансьор	엘리베이터	ескалатор 에스컬레이터
още	당장, 아직	още сега 지금 당장
внезапно	갑자기	= изведнъж
от доста време	상당 시간 동안	
спомен	기억, 추억	= памет
интензивен	강력한, 바쁜	성·수 변화 интензивен–интензивна–интензивно–интензивни
бях решил	(어떤 과거 사건보다 더 이전에) 결정했다.	대과거 = 어떤 과거 사건보다 더 이전에 일어난 사건을 설명할 때 사용
знаехте	(지속적으로) 알았다.	불완료상으로 만든 과거시제 아오리스트
веднъж	한 번	Още веднъж! 한번 더!
правя ~ впечатление	~한 인상을 남기다	
непознат	낯선	성·수 변화 непознат–непозната–непознато–непознати непознат (човек) 낯선 사람
посрещам / да посрещна	마중 나가다	↔ изпращам / да изпратя 배웅하다
една чаша вино	한 잔의 와인	'~의'를 나타내는 전치사 на가 붙지 않습니다. Един килограм ягоди 1킬로그램(kg)의 딸기
наливам / да налея	따르다, 붓다	
летище	공항	на летището 공항에(서)
гръб	등	в гърба 등에 р와 ъ의 위치 변경에 주의한다.
лягам си / да си легна	잠자리에 눕다 (동작)	лежа 누워있다 (상태)
булевард	다차선 도로	
червен	빨간	성·수 변화 червен–червена–червено–червени Преминавам на червена светлина. 빨간 불에 건너다.
подлез	지하도	
час на излитане	이륙 시간	излитам = излетявам 이륙하다

회화

그림을 보며 자연스러운 회화 표현들을 익혀 보세요.

Петър	Хайонг, чух, че още утре ще се върнете в Корея. Как е възможно?! Не съм Ви приготвил подарък за сбогом…! Защо толкова внезапно тръгвате?
Хайонг	Още преди няколко седмици бях решила да замина в края на юни. Вие не го знаехте, защото от доста време не сме се виждали.
Петър	Да… Вярно. Бяхте заета заради изпитите… Но все пак се радвам да Ви видя преди да се качите на самолета.
Хайонг	Не знам как минаха 10 месеца. Беше наистина страхотно! Истината е, че времето лети, когато се забавляваме.
Петър	Дано да Ви останат само добрите спомени. Въпреки че имам много интензивна програма и през ваканцията, ще се постарая да отида на гости в Корея! Всичко най-хубаво, Хайонг! Довиждане!

뻬떠르	하영, 당신이 내일 당장 한국으로 돌아간다고 들었어요.
	어떻게 그럴 수 있어요?! 헤어짐의 선물을 준비하지 못했단 말이에요…!
	왜 그렇게 갑자기 떠나는 거예요?
하영	몇 주 전에, 6월 말에 떠나기로 결정했어요.
	우리가 꽤 오랫동안 안 만나서 모르셨나 봐요.
뻬떠르	네… 맞아요. (당신이) 시험 때문에 많이 바빴죠….
	그래도 당신이 비행기에 타기 전에 만나서 기뻐요.
하영	10개월이 어떻게 지나갔는지 모르겠어요. 정말 훌륭한 시간이었어요!
	즐길 때, 시간이 빨리 지나간다(날아간다)는 게 사실이네요.
뻬떠르	당신에게 좋은 기억만 남기를 바라요.
	방학 때도 바쁜 일정이 잡혀있지만, 한국에 놀러 가도록 노력할게요!
	가장 좋은 일만 있기를 바라요! 안녕히 가세요!

불가리아어 전치사들 중에는 대상의 장소나 방향 등 위치를 나타내는 것 이외에도 다양한 의미를 지닌 전치사들이 있습니다.

- **по**

  ① (표면)을 따라 　Вървя **по** улица. 길을 따라 걷고 있다.

  ② 통신 수단 　Ще Ви го изпратя **по** имейла. 당신에게 그것을 이메일로 보낼게요.

  ③ 과목 　Днес имам изпит **по** история. 오늘 역사시험이 있어.

  ④ ~씩 　Ще ви дам **по** една книга. 너희에게 책 한 권씩 줄게.

- **при**

  ① ~쪽으로, ~가 있는 곳으로 　Отидох **при** него. 그 쪽으로 갔다.

  ② ~가 있는 상황에 　**При** дълбоко мълчание 깊은 침묵 속에

  ③ ~와 함께 　Той живее **при** баща си. 그는 자신의 아버지와 함께 산다.

  ④ (시간)에, 동안 　**При** царуването на Борис 1. 보리스 1세의 통치 기간에.

Ⓐ 전치사

전치사는 형태가 고정되고 독립적으로 쓰일 수 없는 요소이며 명사, 형용사, 수사 또는 대명사 앞에 위치합니다.

● 동작 동사와 함께 쓰이는 전치사

불가리아어 전치사 중 동작을 나타내는 동사들과 함께 쓰이는 전치사로는 **в(във)**, **на**, **от**, **до**, **за**, **по**, **при**, **към**, **през** 등이 있습니다.

(1) в / във ~안으로, ~안에

влизам в ~ ~ 안으로 들어가다	**идвам в ~** ~ 안으로 오다
излизам в ~ ~ 안으로 나가다	**качвам се в ~** ~ 안으로 (올라)타다
отивам / ходя в ~ ~안으로 가다	**слизам в ~** ~ 안으로 내려가다
(구체적인 대상, 장소 필요)	**пристигам в ~** ~ 안에 도착하다

Хиляди българи отидоха в Щатите, вместо в Англия.
수 천명의 불가리아인들이 영국에 가는 대신 미국에 갔다.

Живее в планината, веднъж в седмицата слиза в селото да си купи хляб. 산에서 살다가 일주일에 한 번 빵을 사기 위해 마을로 내려온다.

(2) на ~에, ~로

излизам на ~ ~로 나가다	**качвам се на ~** ~에 (올라)타다
отивам / ходя на ~ ~하러 가다	**слизам на ~** ~에(서) 내리다
(활동 필요)	**пристигам на ~** ~에 도착하다
	спирам на ~ ~에(서) 멈춰 세우다

Аз един път отидох на цирк и ми направи много лошо впечетление.
나는 한 번 서커스를 보러 갔고 (서커스는) 나에게 나쁜 인상을 주었다.

Спрях непознат на улицата. 모르는 사람을 길에서 멈춰 세웠다.

(3) от ~로부터

излизам от ~ ~로부터 나가다	**идвам от ~** ~로부터 오다
слизам от ~ ~로부터 내리다	**пътувам от ~** ~로부터 (여행)가다
връщам се от ~ ~로부터 돌아오다	**пристигам от ~** ~로부터 도착하다
	тръгвам от ~ ~로부터 출발하다

Всеки ден, когато се връщам от работа, жена ми ме посреща.
매일 내가 일에서 돌아올 때 나의 아내는 나를 마중 나온다.

⑷ **за** ～로, ～를 향해

пътувам за ～ ～로 (여행)가다   **заминавам за ～** ～로 떠나다

тръгвам за ～ ～로 출발하다

Спортистите заминаха за Германия с мисълта за победа.
운동선수들이 승리에 대한 생각을 갖고 독일로 떠났다.

⑸ **по** ～(표면)을 따라

качвам се по ～ ～를 따라 올라가다   **движа се по ～** ～를 따라 움직이다

слизам по ～ ～를 따라 내려가다   **минавам по ～** ～를 따라 지나가다

вървя по ～ ～를 따라 걷다   **пътувам по ～** ～를 따라 (여행)가다

Той слиза по стълбите, като държи стъклена чаша с вода.
그는 물이 든 유리컵을 들고 계단을 따라 내려오고 있다.

Тя си купи билета, за да пътува по целия свят. 그녀는 세계 여행을 위해 티켓을 샀다.

⑹ **при** ～ 쪽으로, ～가 있는 곳으로, ～가 사는 곳(집)으로

Нека да дойде при нас! (그/그녀/그것이) 우리가 있는 곳으로 오게 해!

Мъжът отиде при стюардесата, за да помоли за една чаша вино.
남자가 한 잔의 와인을 부탁하려고 스튜어디스 쪽으로 갔다.

Момчето отива на гости при баба. 소년이 할머니 댁으로 놀러간다.

⑺ **през** ～를 (관)통하여

Вчера мигранти са преминали през границата. 어제 이민자들이 국경을 넘었다.

Река Дунав минава през 10 държави. 두나브강은 10개 국가를 관통하여 흐른다.

주의 ☆ 전치사 뒤에 제시된 명사의 관사 유무에 따라 활동을 나타내는지 구체적인 장소를 나타내는지 구분할 수 있습니다.

Връщам се от кино.	관사 (X)	→ 활동	→ 영화를 보고 돌아오고 있다.
Връщам се от киното.	관사 (○)	→ 구체적인 장소	→ 영화관에서 돌아오고 있다.
Тръгвам за театър.	관사 (X)	→ 활동	→ 연극을 보러 출발한다.
Тръгвам за театъра.	관사 (○)	→ 구체적인 장소	→ (연)극장으로 출발한다.

● 위치를 나타내는 전치사

불가리아어에서 대상의 위치를 나타내는 전치사로는 **в, на, над, под, пред, зад, до, срещу, между** 등이 자주 사용됩니다.

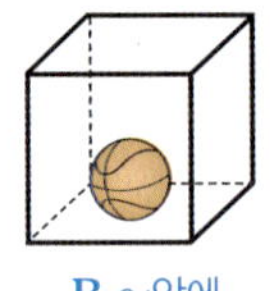

в ~안에

Налей вода в чашата!

컵에 물을 부어!

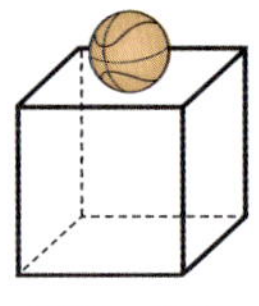

на ~위에

Ще сложа възглавниците на леглото.

베개를 침대 위에 놓을게.

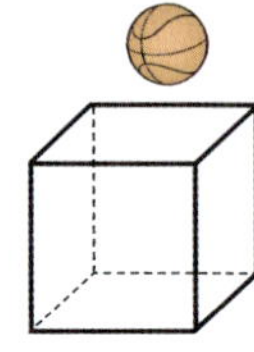

над ~위에

Картината виси над масата.

그림이 식탁 위에 걸려있다.

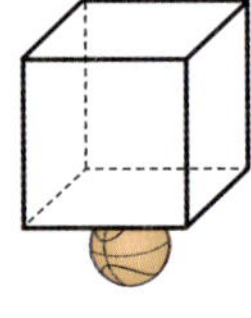

под ~밑에

Той говори под носа си.

그는 자신의 코 밑에서 속삭이듯 말한다.

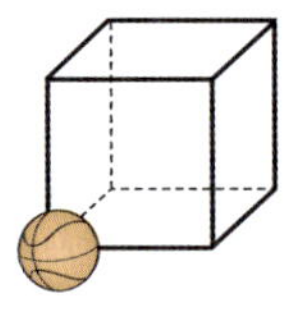

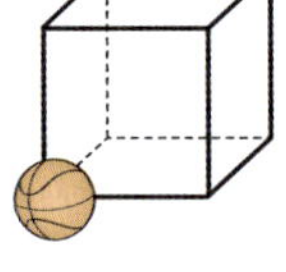
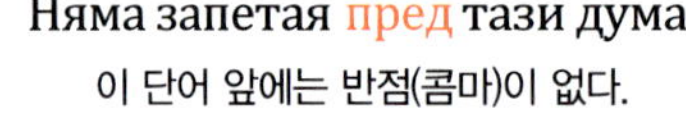

пред ~앞에

Няма запетая пред тази дума.

이 단어 앞에는 반점(콤마)이 없다.

зад ~뒤에

Росица говори зад гърба на Ана.

로씨짜가 아나의 뒤에서 (아나를)씹는다.

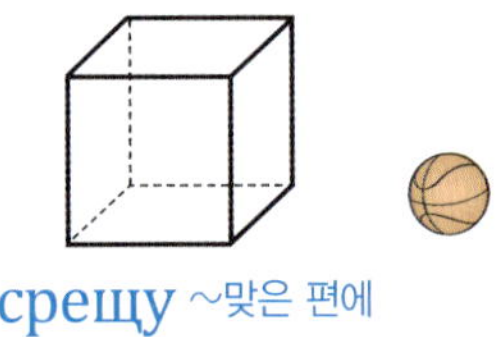

срещу ~맞은 편에

Той седи срещу прозореца.

그는 창문 맞은 편에 앉아있다.

между ~사이에

Новият мол се намира между бул.

"Христо Ботев" и ул. "Опълченска".

새로운 몰은 "흐리스토 보테프" 다차선 도로와 "오쁠첸스카" 거리

사이에 위치해 있다.

🅑 접속사

불가리아어에는 문장과 문장을 연결하는 다양한 접속사가 존재합니다. 원인, 결과, 한계 등을 의미하는 접속사들을 통해 앞 또는 뒤에 위치하는 문장을 보충할 수 있습니다.

(1) **원인 : защото, понеже, тъй като** 왜냐하면

Всеки ден аз гледам снимката ти, защото/тъй като/понеже ми липсваш. 나는 매일 네 사진을 봐. 왜냐하면 네가 그립거든.

원인에 해당되는 내용이 먼저 제시될 수 있습니다. 하지만 **защото**로는 문장을 시작할 수 없음에 주의합니다.

Тъй като/Понеже ми липсваш, всеки ден аз гледам снимката ти.
네가 그리워서, 매일 나는 네 사진을 봐.

문장이 아닌 명사(구)가 원인이 될 때에는 **заради**, **поради**가 마치 전치사처럼 사용됩니다.
заради, **поради** 뒤에 오는 명사(구)에는 반드시 <u>목적격 관사</u>가 붙어야 함에 주의합니다.

Загубихме заради моите глупости. 나의 바보 같은 짓(멍청함) 때문에 우리가 졌어.

(2) **결과 : затова, така че/тъй че, по тази причина** 그래서

Гладен съм. Затова ще отида до магазина. 나는 배가 고파. 그래서 상점에 갈 거야.
Много ми се спи. Така че/Тъй че днес ще си легна рано. 너무 졸려서 오늘 일찍 누울 거야.
Бях гладен. Именно по тази причина влязох в кухнята.
배가 고팠어. 정확히 이러한 이유 때문에(그래서) 부엌에 들어갔어.

(3) **한계 : въпре́ки че** ~에도 불구하고

Мария уважава Иван, въпреки че е лъжец. 거짓말쟁이 임에도 불구하고, 마리야는 이반을 존경한다.

문장이 아닌 명사(구)가 한계점이 될 때에는 **въпреки**가 마치 전치사처럼 사용됩니다.
въпреки 뒤에 오는 명사(구)에는 반드시 <u>목적격 관사</u>가 붙어야 함에 주의합니다.

Въпреки добрите намерения, само двама души ни помогнаха.
좋은 의도에도 불구하고, 오직 두 명만이 우리를 도와줬다.

(4) **그 외 : независимо от** ~에 상관없이, **без оглед на** ~에 개의치 않고,

    дори и да / даже и да / макар и да 비록 ~이지만

Независимо от товa дали ви харесва или не, ще вървим.
네가 좋아하는지 아닌지 상관없이 우리는 (걸어) 갈 거야.

Дори и да е скъпо да пътувам до Корея, аз ще си купя билет за самолет.
한국에 여행 가는 게 비쌀지라도, 나는 비행기 표를 살 거야.

Макар и да ми е трудно да го изразя, някак ще ти покажа
благодарността си. 너에게 표현하는 게 어려울지라도, 어떻게든 너에게 감사(함)를 보여줄 거야.

1. 다음 중 밑 줄 친 부분에 들어가는 전치사와 그 전치사를 도식화한 그림을 연결해 보세요.

(1) Новият Мол се намира _________ бул. "Христо Ботев" и ул."Опълченска". •

(2) Защо си сложила одеялото _________ масата? •

(3) Росица говори _________ гърба на Ана. •

(4) Налей вода _________ чашата! •

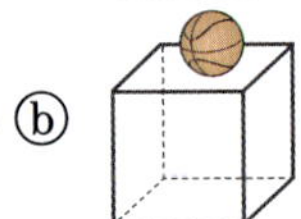

• ⓐ

• ⓑ

• ⓒ

• ⓓ

2. 다음 〈보기〉와 같이 괄호 안의 전치사 중 알맞은 전치사를 선택해 보세요.

| 보기 | A : Искам да се поразходя из парка. И ти ли искаш?
           B : Да. Нека излезем (в, за, от, на) къщи.

(1) A: Извинете, (зад, у, на) коя спирка да сляза (от, за, до, към) летището?
    B: Слезте (в, на, у, пред) тази спирка! И трябва да продължите (срещу, по, между) булеварда.

(2) A: Искаш ли да отидем на гости (в, при, през) баба?
    B: Сега ли? Аз току-що се върнах (с, със, от, по) работа.

(3) A: Не преминавай на червена светлина! Опасно е!
    B: Знам, но нямам време.
    A: Слез веднага (до, по, за) тези стълби и мини (през, в, с) подлеза!

(4) A: (по, у, за, между) къде бързаш толкова?
    B: Отивам (в, на, до, по) концерт на любимия ми певец–Бруно Марс.

3. 다음 문장을 불가리아어로 적어 보세요.

(1) 당신이 내일 당장 불가리아로 돌아간다고 들었어요.

    ➡ ____

(2) 그는 버스를 타고 프랑스로 여행을 갈 거야.

    ➡ ____

(3) 나 때문에 우리가 졌어.

    ➡ ____

(4) 거짓말쟁이 임에도 불구하고 마리야는 이반을 사랑한다.

    ➡ ____

4. 녹음을 듣고 빈칸을 채워 보세요.　　　　　　　　　　MP3 **15-4**

(1) A: Не ми се излиза с _____________ човек.

    B: _____________ _____________ _____________ не искаш,
       трябва да излезеш.

(2) A: Загубихме се. Ти си виновен!

    B: Съжалявам… _____________ моите усилия, не успях да се справя
       добре.

(3) A: Колко рано преди полета трябва да
       съм _____________ _____________ ?

    B: Ако пристигнете на летището 90 минути преди часа на
       излитане, ще стигнете _____________ изхода навреме.

(4) A: Как да разбера _____________ коя лента ще излезе моя багаж?

    B: _____________ всяка лента е написан номера на самолета.
       Проверете го!

불가리아에는 트램 버스, 트롤리버스, 마르슈루트까(특정 경로만 다니는 차), 버스, 지하철, 택시 등 다양한 교통수단이 있습니다.

트램 버스와 트롤리버스는 일반적인 버스와 다르게 공중에 설치된 전깃줄에 연결되어 운행합니다. 특히 트램 버스는 전깃줄 말고도 도로 위에 놓인 레일을 따라 움직이기 때문에 경로 변경이 불가능합니다. 트램 버스와 트롤리버스 모두 버스보다는 속도 면에서 뒤쳐지지만, 교통 체증에 영향을 받지 않는다는 장점 때문에 출·퇴근 시간에는 더욱 많은 사람들이 이용합니다.

마르슈루트까는 한국의 마을버스와 비슷하지만 정해진 정거장 없이 특정 경로 내에서 승객이 세워 달라고 하는 곳 어디에서든 정차할 수 있습니다. 버스의 모양이라기보다는 일반 봉고차의 앞 유리창에 마르슈루트까 버스 번호만 적혀 있어서 처음 이용하는 사람은 탑승하기가 쉽지 않습니다.

몇 년 전까지만 하더라도 불가리아 버스 대부분이 낡고 지저분했지만 최근에는 냉·난방 기능까지 갖춘 최신 버스가 많이 출시되어 버스 이용의 불편함이 많이 해소되었습니다. 버스 정류장 또는 버스 기사로부터 구매한 버스표는 탑승과 동시에 버스 벽면에 있는 장치를 통해 단 한 번만 구멍을 내야 합니다. 하나 이상의 구멍이 있을 시 동일 티켓을 여러 번 사용한 것으로 간주하여 벌금을 물게 됩니다.

불가리아에는 두 개의 지하철 노선이 있습니다. 최근에 소피아 공항까지 공항철도가 연장되어 버스 또는 택시를 이용하던 기존의 방식보다 훨씬 편리하고 안전하게 공항에 도착할 수 있습니다.

교통비는 (마르슈루트까, 택시 제외) 1레바(700원~800원)로 매우 저렴한 편이었으나, 2016년 6월 1일부터 1.60레바(1,000원~1,100원)로 올랐습니다. 특정 기간(10회 이용, 1일, 3일, 한 달 등) 동안 도시 교통 수단을 마음껏 이용할 수 있는 티켓도 판매하기 때문에 필요에 맞는 티켓 구매 시 더욱 저렴하고 효율적으로 교통수단을 이용할 수 있습니다.

연습문제 정답

1.

(1) Тя **е** от Англия. 그녀는 영국에서 왔어요.

(2) Ние **сме** много заети. 우리는 아주 바빠요.

(3) Той откъде **е**? 그는 어디에서 왔나요?

(4) Кой **е** той? 그는 누구인가요?

(5) Къде **са** Мария и Александър?
마리야와 알렉산더르는 어디에 있나요?

(6) Мария не **е** преподавател.
마리야는 선생님이 아니에요.

2.

(1) (저는) 영어를 전공하고 있어요.

(2) 그녀는 학생인가요?

(3) 그는 선생님이 아니에요.

(4) (당신은) 불가리아어를 잘 못하시네요.

3.

(1) Вие **много добре** говорите корейски!
당신은 한국어를 정말 잘 하시네요!

(2) Венета, **добре дошла** в Корея!
베네따, 한국에 온 걸 환영해요!

(3) **Откъде** си ти? 너는 어디에서 왔니?

(4) Той **не** е лекар. 그는 의사가 아니에요.

4 [MP3 **01-4**]

(1) Следвам **български** език.
불가리아어를 전공하고 있어요.

(2) Те са от **Корея**. 그들은 한국에서 왔어요.

(3) **Вие** сте зает. 당신은 바쁘시군요.

(4) Тя е добра **жена**. 그녀는 좋은 여자입니다.

2.

(1) 남성 명사 : инженер, стол, секретар, учебник,
грък, език

(2) 여성 명사 : химикалка, София, песен, тетрадка

(3) 중성 명사 : цвете, списание, бюро

3.

(1) къс молив

(2) малка жена

(3) красиво цвете

(4) български език

4 [MP3 **02-4**]

(1) A: Какъв **сте** по **народност**?

B: Аз съм **българин**.

(2) A: Той е красив, **нали**?

B: Да. Аз **също** мисля така.

(3) A: Г-жо Петрова, Вие какво работите?

B: Аз **съм учител** по корейски **език**.

(4) A: Баща ми е французин, а майка ми е
корейка.

B: Вие французойка **ли** сте или **корейка**?

(1) A: (당신은) 국적이 어떻게 되세요?

B: 저는 불가리아인(남자)입니다.

(2) A: 그는 아름다워(멋있어), 그렇지?

B: 응. 나 또한(나도) 그렇게 생각해.

(3) A: 뻬뜨로바씨, 당신은 어떤 일을 하시나요?

B: 저는 한국어 선생님입니다.

(4) A: 제 아버지는 프랑스인(남자)이고, 제 어머니는 한국인(여자)입니다.

B: 당신은 프랑스인(여자)인가요 아니면 한국인(여자)인가요?

1.

(1) 헤어질 때 – 낮 • • Лека нощ!

(2) 만났을 때 – 저녁 • • Лека вечер!

(3) 헤어질 때 – 저녁 • • Добро утро!

(4) 만났을 때 – 아침 • • Лек ден!

(5) 헤어질 때 – 밤 • • Добър вечер!

1.

(1) списание 잡지 → **списания** 잡지들

(2) очила 안경 → **복수형으로만 쓰이는 명사**

(3) адвокат 변호사 → **адвокати** 변호사들

(4) любов 사랑 → **단수형으로만 쓰이는 명사**

(5) диалог 대화 → **диалози** 대화들

(6) трамвай 트램 버스 → **трамваи** 트램 버스들

2.

(1) светъл-светла-светло-светли 밝은

   → светла стая 밝은 방

(2) голям-голяма-голямо-големи 큰

   → големи градове 대도시들

(3) красив-красива-красиво-красиви 아름다운

   → красиви цветя 아름다운 꽃들

(4) дълъг-дълга-дълго-дълги 긴

   → дълга песен 긴 노래

3.

(1) 왜 저곳이 네 마음에 안 들어?

(2) 도서관 안에는 많은 교과서들이 있어.

(3) (당신은) 차(tea)가 있으신가요?

(4) 그는 애인이 있어!

4 [MP3 **03-4**]

Петър	Тук харесва ли ти?
Хайонг	Да. Много ми харесва.
Петър	Защо?
Хайонг	Тук има много красиви пердета.
Петър	Да. Ето защо много студенти обичат това място.

뻬떠르	이곳이 네 마음에 드니?
하영	응. 아주 내 마음에 들어.
뻬떠르	왜?
하영	이곳에는 아름다운 커튼이 많아.
뻬떠르	응. 그래서 많은 학생들이 이곳을 사랑해(좋아해).

▶ УРОК-04

1.

(1) 바나나 2개 → ⓐ два банана

(2) 의사 두 명 → ⓑ двама лекари

(3) 양파 4개 → ⓑ четири глави лук

(4) 오이 2개 → ⓐ две краставици

(5) 당근 1개 → ⓑ един морков

2.

(1) В магазина работят 4 продавачки.

상점에서는 네 명의 판매원(여자)이 일합니다.

   → четири

(2) Трябват му 6 студенти.

그에게는 여섯 명의 학생이 필요합니다.

   → шестима

(3) През 1997 година съм родена.

(저는) 1997년에 태어났습니다.

   → хиляда деветстотин деветдесет и седма

(4) Струва 100 лева и 50 стотинки.

100레바 50스토틴키입니다.

   → сто, петдесет

3.

(1) 선물로 네 마리의 말을 원해요.

(2) 많은 사람들이 이 학생을 알아요.

(많은 사람들이 이 학생과 아는 사이에요.)

(3) 몇 명이 상점 안에 있나요?

(4) 비싸지 않네요. 싸네요!

4 [MP3 **04-4**]

Чеджун	Колко струват тези домати?
Продавач	Струват 10 лева и 30 стотинки.
Чеджун	Не е скъпо. Трябва ми една торбичка.
Продавач	Заповядайте. Задръжте рестото!
Чеджун	Благодаря. Лека вечер!

재준	이 토마토들은 얼마인가요?
판매원	10레바 30스토틴키 입니다.
재준	비싸지 않네요. 봉지 하나가 필요해요.
판매원	여기 있습니다. 거스름돈 받으세요!
재준	감사합니다. 편안한 밤 되세요!

▶ УРОК-05

1.

(1) шкафове 캐비닛 → шкафовете

(2) момичета 여자 → момичетата

(3) лекар 의사 → [주격 관사] лекарят

             [목적격 관사] лекаря

연습문제 정답

(4) петел 수탉   → [주격 관사] **петелът**
                 [목적격 관사] **петела**

(5) телевизор 텔레비전 → [주격 관사] **телевизорът**
                 [목적격 관사] **телевизора**

(6) антре 현관   → **антрето**

2.

(1) **Вляво са банята и трапезарията.**
오른쪽에 화장실(씻는 화장실)과 식당(식탁이 있는 곳. 밥 먹는 곳)이 있습니다.

(2) **Аз живея на втория етаж.**
저는 2층에 살아요.

(3) **Соня е по-ниска от Крум.**
쏘냐는 크룸보다 키가 더 작아요.

(4) **Къде е преподавателят?**
선생님은 어디에 계신가요?

3.

(1) 방 중앙에 작은 의자가 있어요.
(2) 소프로니스는 가장 똑똑한 소년이에요.
(3) 많은 포크들이 보이네요. (많은 포크들을 보고 있어요.)
(4) 그런 것이 한국의 전통이죠.

4 [MP3 **05-4**]

(1) A: **Къде живееш?**
    B: **Живея в осмия блок.**
(2) A: **Защо спиш на пода?**
    B: **Понеже това е нашата традиция.**
(3) A: **Каква светла стая имаш!**
    B: **Мерси.**
(4) A: **Колко е наемът?**
    B: **300 лева на месец.**
       По-евтино от Корея.

(1) A: 너는 어디에 사니?
    B: (나는) 여덟 번째 건물에 살아.
(2) A: (너는) 왜 바닥에서 자?
    B: 왜냐하면 이것이 우리의 전통이거든.
(3) A: 밝은 방을 가지고 있구나!
    B: 고마워.
(4) A: 빌리는 데(월세가) 얼마죠?
    B: 한 달에 300레바예요.
      한국보다 저렴하죠.

УРОК-06

1.

(1), (4), (9)번 문제는 관사가 들어갈 수 없으므로 정답이 없습니다.

(1) баба   му   (6) **техни**те внуци
(2) моя**та** майка   (7) внучка**та** й
(3) син**ът**, син**а** им   (8) синове**те** му
(4) този отговор   (9) този дядо
(5) чичовци**те** на Иван   (10) брат**я**та на Соня

2.

> (저는) 릴리라고 해요. 제 가족은 크지 않아요. 우리 집은 소피아 중심가에 위치해 있어요. 저는 (자신의) 부모님과 함께 살아요. 저는 그들의 유일한 딸이에요. 형제와 자매가 없죠. 제 할머니들과 할아버지들은 시골에 사시지만 우리는 그들을 자주 찾아봬요(방문해요). 이모가 한 분 계시지만, 그녀는 외국에서 일해요. 저는 (자신의) 가족을 많이 사랑해요.

(1) 릴리의 가족은 대가족이다.   (예, **아니요**)
(2) 릴리네 집은 시골에 위치해 있다.   (예, **아니요**)
(3) 릴리는 부모님과 함께 살고 있다.   (**예**, 아니요)
(4) 릴리는 두 명의 형제가 있다.   (예, **아니요**)
(5) 릴리의 할아버지, 할머니는 소피아에 살고 계신다. (예, **아니요**)
(6) 릴리는 할아버지, 할머니를 자주 방문한다.   (**예**, 아니요)
(7) 릴리의 이모는 외국에 살고 있다.   (**예**, 아니요)

3.

(1) **Аз купувам тази играчка в магазина.**
(2) **Този мъж обича семейството й.**
(3) **Тя не познава онези хора.**
(4) **Влезте в тази стая!**
(5) **Благодарение на вас, името ми е включено в този списък.**

4 [MP3 **06-4**]

Чеджун   **Рали, коя е тази жена?**
Ралица   **Тя е приятелката на брат ми - Мария.**
Чеджун   **Имаш брат? Какво работи той?**
Ралица   **Той е инженер, но сега работи в Америка.**
Чеджун   **Кога ще се върне в България?**
Ралица   **Може би след три месеца.**

През пролетта ще се ожени за
Мария.

Чеджун О, поздравления!
Тогава тя ще му стане жена.

Ралица Да. Тогава семейството ми ще стане
по-голямо.

재준 랄리, 이 여자는 누구야?

랄리짜 그녀는 내 오빠(남동생)의 여자친구인 마리아야.

재준 (너) 오빠 있어? 그는 무슨 일을 하니?

랄리짜 그는 엔지니어인데 지금은 미국에서 일하고 있어.

재준 불가리아로는 언제 돌아와?

랄리짜 아마도 3개월 후에(돌아올 거야).
봄에 마리야와 결혼할 거거든.

재준 오, 축하해!
그러면(그때가 되면) 그녀는 그의 아내가 되겠네.

랄리짜 응. 그때가 되면 내 가족은 더 커질 거야.
(더 대가족이 될 거야.)

◀ ▶ УРОК-07 ◀ ▶

1.

(1) живея, пея, играя, чета, пиша, пия, зная,
мога

(2) говоря, вървя, мисля, печеля, стоя, работя,
ровя, мразя, мълча, свиря, греша

(3) заминавам, карам, ям, отварям, отивам,
отговарям, искам, казвам, идвам, питам

2.

(1) пея-пееш-пее-пеем-пеете-пеят

(2) пия-пиеш-пие-пием-пиете-пият

(3) пиша-пишеш-пише-пишем-пишете-пишат

(4) мога-можеш-може-можем-можете-могат

(5) ям-ядеш-яде-ядем-ядете-ядат

3.

(1) Те живеят в Сеул.

(2) Може ли да вляза?

(3) Можеш ли да говориш английски?

(4) Искаме те да отидат в библиотеката.

4. [MP3 07-4]

(1) A: Откога се познавате?

 B: От 20 години. От много отдавна.

(2) A: Познаваш ли онзи мъж? Как се казва?

 B: Той се казва Иван.

(3) A: Тази жена много добре пее българска
песен.

 B: Разбира се!
Тя е най-известната певица в
Германия!

(4) A: Защо се сърдиш?

 B: Искам да отида на дискотека,
но баща ми не ми позволява.

(1) A: (당신들, 너희들)은 언제부터 알고 지냈나요?

 B: 20년 전부터(알고 지냈어요). 오래전부터(알고 지냈죠).

(2) A: 저 남자를 아니? (그는) 이름이 뭐야?

 B: 그는 이반이라고 해.

(3) A: 이 여자는 불가리아 노래를 아주 잘 부르네.

 B: 당연하지! 그녀는 독일에서 제일 유명한 가수야!

(4) A: (너는) 왜 화가 났니?

 B: 무도장(클럽)에 가고 싶은데, 아버지가 허락을 안 해주셔.

◀ ▶ УРОК-08 ◀ ▶

1.

(1) (밖으로) 나오다 излизам / да изляза
→ (아래로) 내려오다 слизам / да сляза

(2) 포함시키다 включвам / да включа
→ 제외시키다 изключвам / да изключа

(3) 열다 отварям / да отворя
→ 닫다 затварям / да затворя

(4) 일어나다 ставам / да стана
→ 남다 оставам / да остана

2.

(1) Всеки ден той става в 7 часа.

그는 매일 7시에 일어난다.

(2) Венета е много заета и рядко се разхожда
из парка.

베네따는 아주 바쁘고 공원에서 산책을 드물게 한다(자주 하지 못한다).

(3) Росене, сега какво правиш?

로센아, 지금 뭐해?

(4) Днес ние ще излезем около 6 часа, но от утре ще излизаме малко по-късно.

오늘 우리는 6시 정도에 나갈 거지만 내일부터는 조금 더 늦게 나갈 거야.

3.

(1) Почти всеки ден се срещам с Росен.

(2) Обикновено тя не се прсоблича, но утре ще се преоблече.

(3) От утре ще слизам по стълбите.

(4) Тя е сигурна, че ще се справят чудесно.

4 [MP3 08-4]

(1) A: Много съм гладна.

B: Хайде да обядваме заедно след като се срещнем с Иван.

(2) A: Ани, ти ще дойдеш ли на партито у Камен?

B: Не. Нямам свободно време.
Утре имам изпит по математика.

(3) A: Обикновено в колко часа се събужда синът ти?

B: Когато няма лекции, той се събужда много късно – около 11 часа.

(4) A: Кога можеш да ми върнеш книгата?

B: До петък ще я прочета и ще ти я върна в събота!

(1) A: 나 너무 배고파.

B: 이반을 만난 후에 같이 점심을 먹으러 가자.

(2) A: 아니, 너는 카멘의 집에서 열리는 파티에 갈 거니?

B: 아니. (나는) 자유 시간이 없어. 내일 수학시험이 있어.

(3) A: 보통 네 아들은 몇 시에 일어나니?

B: 수업이 없을 때 그는 아주 늦게 일어나 – 11시 정도에.

(4) A: 너는 나에게 책을 언제 돌려줄 수 있어?

B: 금요일까지 그녀(책)를 끝까지 다 읽고 너에게 그녀(책)를 토요일에 돌려줄게!

1.

(1) Искам да помогна на тази жена.

(2) Познавам този студент.

(3) Тя ни завижда.

(4) Соня вярва на приятелите си.

(5) Розовият цвят ѝ отива.

2.

(1) Аз трябва да ѝ го дам.

나는 그녀에게 그(것)을 줘야한다.

(2) Александър пита (на 삭제) семейството му.

알렉산더르는 그의 가족에게 묻는다.

(3) Моята майка е по-висока от съпругата му.

내 어머니는 그의 부인보다 키가 크다.

(4) Тя обича своите кучета.

그녀는 자신의 강아지들을 사랑한다.

3.

(1) Утре имам среща с нея.

(2) Утре ще ги заведа на ресторант.

(3) Продавачката няма да ме попита "Какъв цвят предпочитате?".

(4) На мен ми отиват всички цветове!

4 [MP3 09-4]

Мария Гери, обикновено откъде си купуваш дрехи?

Гергана В мола. Защо?

Мария Винаги си в крак с модата.
Завиждам ти!

Гергана Харесва ли ти тази рокля?

Мария Да, много е красива.

Гергана Тогава и ти трябва да си купиш същата. Хайде бързо да отидем заедно в мола! До днес има намаление!

Мария Спокойно, Гери!
Ще ми отива ли розовият цвят?

Гергана На теб ти отиват всички цветове!

마리야	게리야, (너는) 보통 어디서 옷을 사니?
게리	몰에서 (사). 왜?
마리야	(넌) 항상 유행(패션)을 잘 알아. 네가 부러워!
게리	이 치마가 네 마음에 드니?
마리야	응. 너무 예쁘다.
게리	그럼 너도 똑같은 걸 사야겠네. 빨리 같이 몰에 가자! 오늘까지 할인이 있어!
마리야	침착해, 게리! 나한테 분홍색이 어울릴까?
게리	너한테는 모든 색상이 다 잘 어울려!

◀ УРОК-10 ▶

1.

(1) 나무가 바람 때문에(바람으로 인해) 흔들리고 있어.

(2) 나는 아플 때 먹고 싶지 않아.

(3) 이 단어는 대화에서 자주 사용돼.

(4) 강아지와 아기는 서로를 잘 이해해.

2.

(1) **Нечий** молив е на пода.
누군가의 연필이 바닥에 있어.

(2) Аз **нямам** никаква информация.
나는 그 어떤 정보도 가지고 있지 않아.

(3) **Търсите** ли **някого**?
(당신은) 누군가를 찾으시나요?

(4) **Спи** им се. 그들은 자고 싶다.

3.

Всеки ден аз **се** събуждам рано. Ставам от леглото и веднага отивам в банята. Мия **си** ръцете и лицето. Връщам **се** в стаята, оправям **си** леглото и **си** обличам якето. Точно в 11, излизам от квартирата и се срещам с Яна. Ние всеки ден **се** виждаме. Обичаме да **си** разказваме интересни неща. Качваме **се** на автобуса и пътуваме до университета. След няколко часа, ние двамата заедно **се** връщаме вкъщи. Докато Яна се обажда на родителите си, аз **се** къпя и **си** приготвям вечеря.

저는 매일 일찍 일어나요. 침대에서 일어나고 바로 화장실(씻는 화장실)로 향해요. 손과 얼굴을 씻어요. 방으로 돌아오고, 침대를 정돈하고 그리고 재킷을 입어요. 정확히 11시에 집에서 나와서 야나를 만나요. 우리는 매일 서로를 만나요. 흥미로운 것들을 서로에게 이야기하는 걸 좋아해요. 버스에 올라타고 대학교까지 가요. 몇 시간 후 함께 집으로 돌아와요. 야나가 자신의 부모님께 전화를 하는 동안 저는 목욕을 하고 저녁을 준비해요.

4. [MP3 **10-4**]

Яна	Много съм гладна… Дайте ми **нещо за ядене**.
Георги	Нямам **нищо**. Нямам **никакви** пари да ти купя един хляб дори.
Яна	О-о-о не…! Умирам от глад! Трябва да помолиш **някого** да ни даде **няколко** лева.
Георги	Изключено! Яна, моля те, успокой се! Само след 1 час ще обядваш!
Яна	Не, Гошо… Гладна съм…! Още сега ми трябва **някаква** храна…! Спаси ме!
Георги	Как?!
Яна	**Някак**!

야나	(나) 너무 배가 고파… 나에게 먹을 것을 줘.
게오르기	(나는) 아무것도 없어. (나는) 너에게 빵 하나 사줄 어떤 돈도 없어.
야나	오~ 안돼…! 배고파 죽겠네! 우리에게 몇 레바를 달라고 (네가) 누군가에게 부탁해봐.
게오르기	말도 안 돼! 야나, 너에게 부탁할게, 침착해! (너) 한 시간 후에 점심 먹을 거잖아!
야나	아니야, 고쇼(게오르기의 애칭)… (나) 배고파…! 지금 당장 내게 어떤 음식이 필요해…! 나를 살려줘!
게오르기	어떻게?!
야나	어떻게든!

◆ УРОК-11

1.

(1) A: Какво му е?
   B: Той е болен. Боли го главата.

(2) A: Какво й е?
   B: Тя е болна. Боли я ръката от писане.

(3) A: Какво им е?
   B: Те са болни. Болят ги очите от четене.

(4) A: Какво Ви е?
   B: Аз съм болна. Боли ме коремът.

2.

(1) Ана и Майк защо не ядат свинско месо?
아나와 마이크는 왜 돼지고기를 먹지 않나요?

→ Не им се яде свинско месо.
그들은 돼지고기를 먹고 싶지 않아요.

(2) Венета защо не слуша музика?
베네따는 왜 음악을 듣지 않나요?

→ Не й се слуша музика.
그녀는 음악을 듣고 싶지 않아요.

(3) Ти защо не пишеш писмо?
너는 왜 편지를 쓰지 않니?

→ Не ми се пише писмо.
나는 편지를 쓰고 싶지 않아.

(4) Децата защо не спят?
아이들은 왜 자고 싶지 않니?

→ Не им се спи. 그들은 자고 싶지 않아.

3.

의사 : 어디가 아프세요?
베네따 : 모든 게 다 아파요.
저는 머리도 아프고, 눈들도 아프고 너무 추워요.
의사 : 춥다고요? 먼저 체온을 재 봅시다.
그리고 그 후에 당신을 진찰할게요. 오, 고열이 있으시네요.
베네따 : 기침과 콧물도 있어요. 아무것도 먹고 싶지 않아요.
심지어 물도 마시고 싶지 않아요.
의사 : 열을 내리기 위한 알약과 목을 위한 (스포이트 식) 약을 드릴게요.
따뜻한 차 자주 드시는 거 잊지 마세요!

(1) 베네따는 머리와 귀가 아프다. (예, 아니오)

(2) 베네따는 몸이 따뜻한 상태이다. (예, 아니오)

(3) 베네따는 기침과 콧물이 있다. (예, 아니오)

(4) 의사 선생님은 베네따에게 해열제를 처방해주었다. (예, 아니오)

(5) 베네따는 따뜻한 차를 자주 마셔야 한다. (예, 아니오)

4. [MP3 **11-4**]

(1) Крум Утре ще вали дъжд в цялата страна.
   Соня Ще трябва да си взема чадър.

(2) Крум Много ме боли гърлото.
   Не ми се пуши.
   Соня Утре ще ти дам спрей за гърло.

(3) Крум Синко, не ти ли се спи?
   Вече е 11 часа.
   Росен Не, тате. Никак не ми се спи.

(4) Соня Извинете, можете ли да затворите прозореца? Студено ми е.
   Росен Не мога. Дръжката е повредена.

(1) 크룸 내일 전국에 비가 온대.
   쏘냐 우산을 챙겨야겠네.

(2) 크룸 목이 너무 아파. 나는 흡연하고 싶지 않아.
   쏘냐 내일 너에게 목을 위한(목에 뿌리는) 스프레이를 줄게.

(3) 크룸 아들아, 너 자고 싶지 않니? 벌써 11시야.
   로센 아니요, 아빠. 전혀 자고 싶지 않아요.

(4) 쏘냐 죄송하지만 창문을 닫아주실 수 있나요? 제가 추워서요.
   로센 (저는) 할 수 없어요. 손잡이가 고장 났어요.

◆ УРОК-12

1.

(1) тръгнах-тръгна-тръгна-тръгнахме-тръгнахте-тръгнаха

(2) повторих-повтори-повтори-повторихме-повторихте-повториха

(3) спрях-спря-спря-спряхме-спряхте-спряха

(4) взех-взе-взе-взехме-взехте-взеха

2.

(1) Всяка сряда не закусваш.
И предишната сряда не закуси, но следващата сряда ще закусиш.

(너는) 매 수요일에 아침을 안 먹어.
지난 수요일에도 아침을 안 먹었지만, 다음 주 수요일에는 아침을 먹을 거야.

(2) Обикновено заспиват преди 11 часа.
И снощи в 10 часа заспаха, но днес няма да заспят рано защото в 11: 30 има футболен мач.

(그들은) 보통 11시 전에 잠들어.

어젯밤에도 10시에 잠들었지만, 오늘은 일찍 잠들지 않을 거야.

11시 30분에 축구 경기가 있거든.

(3) Всяка година отиваме на екскурзия. Преди няколко месеца отидохме на екскурзия, и следващата седмица ще отидем на екскурзия на остров Чеджу.

(우리는) 매년 여행을 가.

몇 달 전에도 여행을 갔었고, 다음 주에도 제주도로 여행을 갈 거야.

3.

(1) Миналият път избрах червени панталони.

(나는) 저번에 빨간 색 바지를 골랐어.

(2) Няма ли да дойдеш?

(너는) 안 올거야?

(3) Трябваше да му позволят да влезе.

(그들은) 그가 들어오는 것을 허락해야만 했어.

(4) Аз живях със съквартиранката си.

나는 자신의 여자 룸메이트와 살았어.

4 [MP3 **12-4**]

(1) Елена Как беше изпитът по български език?

Лия Много ми беше трудно.

(2) Елена Вчера си правих домашното.

Лия Направихте ли го?

Елена Още не. Но съм сигурна, че днес ще мога да го направя.

(3) Елена Трябва да побързаме! Иначе ще закъснеем.

Лия Колко е часът?

Елена Десет и половина.

Лия Успокой се! Няма да закъснеем. Имаме време!

(4) Елена Защо не му даде учебника на Венета?

Лия Не можах. И аз трябваше да уча по нейния учебник.

(1) 엘레나 불가리아어 시험 어땠어?

리야 나에게는 아주 어려웠어.

(2) 엘레나 (나는) 어제 숙제를 했어.

리야 그것(숙제)을 끝까지 다 했어?

엘레나 아직 다 못했어. 하지만 나는 오늘 그것(숙제)을 끝까지 다 할 수 있을 거라고 확신해.

(3) 엘레나 (우리) 서둘러야 해! 그렇지 않으면 늦을 거야.

리야 몇 시야?

엘레나 10시 반이야.

리야 침착해! (우리는) 늦지 않을 거야. (우리는) 시간이 있어!

(4) 엘레나 왜 (너는) 베네따의 교과서를 그에게 주지 않았어?

리야 할 수 없었어. 나도 그녀의 교과서로 공부해야만 했어.

1.

(1) 반말 : Закуси!

(2) 반말 : Влез!

(3) 존댓말 : Отговорете!

(4) 존댓말 : Идете!

(5) 존댓말 : Приемете!

2.

(1) Да предам ли тетрадките?

노트들을 전달할까?

→ 반말 : Не, недей да ги предаваш!

아니, 그들(노트들)을 전달하지 마!

(2) Да попитам ли Иван?

이반에게 물어볼까?

→ 반말 : Не, недей да го питаш!

아니, 그(이반)에게 물어보지 마!

(3) Да покажа ли снимката?

사진을 보여줄까?

→ 존댓말 : Не, недейте да я показвате!

아니요, 그녀(사진)를 보여주지 마세요!

(4) Да кажа ли на Мария и Яна?

마리야와 야나에게 말할까?

→ 존댓말 : Не, недейте да им казвате!

아니요, 그들(마리야와 야나)에게 말하지 마세요!

3.

(1) A: Росен и Крум, моля ви, събудете се по-
рано! 로센과 크룸아, 너희에게 부탁할게. 조금 더 일찍 일어나렴!

→ А помоли Росен и Крум да се събудят по-
рано. A가 로센과 크룸에게 조금 더 일찍 일어나기를 부탁했다.

(2) A: Соня и Габи, моля ви, обадете му се към
6 часа! 쏘냐와 가비야, 너희에게 부탁할게. 그에게 6시쯤에 전화해주렴!

→ А помоли Соня и Габи да му се обадят
към 6 часа. A가 쏘냐와 가비에게 6시쯤 그에게 전화하기를 부탁했다.

(3) A: Г-це Иванова, моля Ви, не се тревожете!
이바노바씨, 당신께 부탁할게요. 걱정하지 마세요!

→ А помоли г-ца Иванова да не се тревожи.
A가 이바노바씨에게 걱정하지 않기를 부탁했다.

(4) A: Г-н Петров, моля Ви, говорете по-ясно!
뻬뜨로프씨, 당신에게 부탁할게요. 더 정확히 말씀해주세요!

→ А помоли г-н Петров да говори по-ясно.
A가 이바노프씨에게 더 정확히 말해주기를 부탁했다.

4 [MP3 **13-4**]

Лили Синът ми е на 4 години.
Той изобщо не ме слуша.
Вчера му казах "Борисе, моля те, не
играй на масата! Опасно е!
Слизай веднага!".

Ирина Той играе ли на масата? Сладурче!

Лили Да, голям сладур е, но вчера много се
изхитри. На обяд, аз му приготвих
сандвич.
Но когато баща му се прибра от
работа, започна да плаче и му каза
"Тате, гладен съм… Мама не ми даде
никаква храна".

Ирина И какво каза съпругът ти?

Лили "Не лъжи! Лъхаш на сандвич, когато
говориш!"

릴리 내 아들은 4살이야. 그는 내 말을 전혀 안 들어.
어제 그에게 말했어 "보리스, 부탁할게, 식탁 위에서 놀지 마!
위험해! 당장 내려와!"

이리나 그가 식탁 위에서 놀아? 귀염둥이(같으니라고)!

릴리 응. 대단한 귀염둥이지. 하지만 어제는 아주 꾀를 부리더라고.

점심때 내가 그에게 샌드위치를 준비해(만들어)줬어.
그런데 그의 아버지가 일을 마치고 돌아왔을 때 그는 울기 시작
했고, 그에게 "아빠, 배고파요… 엄마가 제게 아무런 음식도 주지
않았어요."라고 말했어.

이리나 네 남편은 뭐라고 말했어?

릴리 "거짓말하지 매 (네가) 말할 때 샌드위치 냄새나거든!"

УРОК-14

1.

(1) 현재완료 л분사 : казал, казала, казало, казали

(2) 현재완료 л분사 : писал, писала, писало, писали

(3) 현재완료 л분사 : получил, получила, получило,
получили

(4) 현재완료 л분사 : взел, взела, взело, взели

2.

(1) Малина : Вчера закусих в ресторанта.
말리나 : 어제 (나는) 레스토랑에서 아침을 먹었어.

→ Малина каза, че вчера е закусила в
ресторанта.
말리나가 어제 레스토랑에서 아침을 먹었다고 말했다.

(2) Малина : Снощи гледах един филм.
말리나 : 어젯밤 (나는) 영화 한 편을 봤어.

→ Малина каза, че снощи е гледала един
филм.
말리나가 어젯밤 영화 한 편을 봤다고 말했다.

(3) Малина : Миналата година прочетох 5
полезни книги.
말리나 : 작년에 다섯 권의 유익한 책을 끝까지 다 읽었어.

→ Малина каза, че миналата година е
прочела 5 полезни книги.
말리나가 작년에 다섯 권의 유익한 책을 끝까지 다 읽었다고 말했다.

(4) Малина : Вчера взех изпита по български
език.
말리나 : 어제 (나는) 불가리아어 시험을 통과했어.

→ Малина каза, че вчера е взела изпита по
български език.
말리나가 어제 불가리아어 시험을 통과했다고 말했다.

3.

(1) Крум се върна в Корея. 크룸은 한국으로 돌아왔어.

→ А Росен върнал ли се е в Корея?

로센은 한국으로 돌아왔니?

(2) Току-що Яна му се обади.

방금 전에 야나는 그에게 전화했어.

→ А Петър обадил ли му се е?

뻬떠르는 그에게 전화했니?

(3) Баба му се ядоса за глупости.

그의 할머니는 바보 같은 짓에 화가 나셨어.

→ А дядо му ядосал ли се е за глупости?

그의 할아버지는 바보 같은 짓에 화가 나셨니?

(4) Господин Петров ѝ предаде книгата.

뻬뜨로프씨는 그녀에게 책을 전달했어.

→ А господин Иванов предал ли ѝ е книгата?

이바노프씨는 그녀에게 책을 전달했니?

4 [MP3 **14-4**]

(1) A: Била ли си в Сеул?

B: Не, не съм била в Сеул.

(2) A: В Корея има една поговорка.

B: Каква?

A: Който не работи, няма да яде.

(3) A: Какво се е случило?

Повредил ли си ми компютъра?

B: Съжалявам. Ще го поправя.

(4) A: Утре ще ти върна списанието.

B: А защо не ми го върна вчера?

A: Понеже майка ми го е взела на екскурзия, а тя ще се върне утре сутринта.

(1) A: (너는) 서울에 가본 적 있어?

B: 아니. (나는) 서울에 가본 적 없어.

(2) A: 한국에는 속담 하나가 있어.

B: 어떤(속담)?

A: 일하지 않은 자는 먹지도 마라.

(3) A: 무슨 일이 일어난 거야? 내 컴퓨터를 고장 냈니?

B: 미안해. 그(컴퓨터)를 수리할게.

(4) A: 내일 너에게 잡지를 돌려줄게.

B: 왜 어제 나에게 그것(잡지)을 돌려주지 않았어?

A: 내 어머니가 그것(잡지)을 가지고 여행을 가셨거든.

그녀는 내일 아침에 돌아와.

1.

(1) Новият Мол се намира между бул. "Христо Ботев" и ул."Опълченска".

새로운 몰은 "흐리스토 보테프" 광장과 "오쁠첸스카" 거리 사이에 위치해 있다.

→  ⓒ

(2) Защо си сложила одеялото на масата?

왜 담요를 식탁 위에 놓았나요?

→ ⓑ

(3) Росица говори зад гърба на Ана.

로씨짜는 아나의 등 뒤에서 말한다.

→ ⓐ

(4) Налей вода в чашата!

컵 안에 물을 따라줘!

→ ⓓ

2.

(1) A: Извинете, (зад, у, на) коя спирка да сляза (от, за, до, към) летището?

죄송합니다. 공항에 가기 위해서는 어느 정거장에서 내려야 하나요?

B: Слезте (в, на, у, пред) тази спирка!
И трябва да продължите (срещу, по, между) булеварда.

이 정거장에서 내리세요! 그리고 광장을 따라 가세요.

(2) A: Искаш ли да отидем на гости (в, при, през) баба?

너는 우리가 할머니 댁에 (손님으로) 가기를 원하니?

B: Сега ли? Аз току-що се върнах (с, със, от, по) работа.

지금? 나 방금 전에 일에서 돌아왔어(퇴근했어).

(3) A: Не преминавай на червена светлина! Опасно е!

빨간 불에 건너지 마! 위험해!

B: Знам, но нямам време.

알지만 시간이 없어.

A: Слез веднага (до, по, за) тези стълби и мини (през, в, с) подлеза!

당장 이 계단을 따라 내려가서 지하도를 통해 건너!

(4) A: (по, у, за, между) къде бързаш толкова?
어디를 향해 그렇게 서둘러 가?

B: Отивам (в, на, до, по) концерт на любимия ми певец – Бруно Марс.
내가 가장 좋아하는 가수인 브루노 마스의 콘서트에 가고 있어.

3.

(1) Чух, че още утре ще се върнете в България.
(2) Той ще пътува за Франция с автобус.
(3) Загубихме заради мен.
(4) Мария обича Иван, въпреки че е лъжец.

4 [MP3 15-4]

(1) A: Не ми се излиза с непознат човек.

B: Дори и да не искаш, трябва да излезеш.

(2) A: Загубихме се. Ти си виновен!

B: Съжалявам… Въпреки моите усилия, не успях да се справя добре.

(3) A: Колко рано преди полета трябва да съм на летището?

B: Ако пристигнете на летището 90 минути преди часа на излитане, ще стигнете до изхода навреме.

(4) A: Как да разбера от коя лента ще излезе моят багаж?

B: Над всяка лента е написан номерът на самолета. Проверете го!

(1) A: 낯선 사람과 나가고 싶지 않아요.

B: 비록 (네가) 원하지 않아도 나가야 해.

(2) A: (우리는) 길을 잃었어. 네 잘못이야!

B: 미안해… 내 노력에도 불구하고, 잘 헤쳐나가지 못했어.

(3) A: 비행 전에 얼마나 일찍 공항에 가야 하나요?

B: 만약 비행기 이륙시간보다 90분 전에 공항에 가신다면 출구 (탑승구)까지 제때 도착하실 수 있어요.

(4) A: 제 짐이 어느 (수화물) 벨트에서 나오는지 어떻게 알죠?

B: 모든 (수화물) 벨트 위에 비행기 번호(편명)가 쓰여있어요. 그(번호)를 확인하세요!

기초 단어

기초 단어

Австралия	호주	Монголия	몽골
Австрия	오스트리아	Нидерландия	네덜란드
Албания	알바니아	Нова Зеландия	뉴질랜드
Ангола	앙골라	Норвегия	노르웨이
Афганистан	아프가니스탄	Обединени Арабски Емирства	아랍에미리트
Бангладеш	방글라데시	Полша	폴란드
Белгия	벨기에	Португалия	포르투갈
Бразилия	브라질	Румъния	루마니아
България	불가리아	Русия	러시아
Виетнам	베트남	Съединени американски щати	미국, 미합중국
Гана	가나	Сърбия	세르비아
Германия	독일	Тайланд	태국
Гърция	그리스	Турция	터키
Дания	덴마크	Украйна	우크라이나
Египет	이집트	Унгария	헝가리
Израел	이스라엘	Филипини	필리핀
Индия	인도	Финландия	핀란드
Испания	스페인	Франция	프랑스
Италия	이탈리아	Хърватия	크로아티아
Канада	캐나다	Чехия	체코
Китай	중국	Швеция	스웨덴
Куба	쿠바	Швейцария	스위스
Люксембург	룩셈부르크	Южна Корея	남한
Македония	마케도니아	Северна Корея	북한
Мексико	멕시코	Япония	일본

■ 5대양 океан

Тихи океан	태평양	Южен ледовит океан	남극해
Атлантически океан	대서양	Северен ледовит океан	북극해
Индийски океан	인도양		

■ 6대주 континент

Европа	유럽	Северна Америка	북아메리카
Азия	아시아	Южна Америка	남아메리카
Африка	아프리카	Океания	오세아니아

■ 자연 природа

Небе	하늘	полуостров	반도
земя	땅	звезда	별
планина	산	падаща звезда	별똥별
планинска верига	산맥	луна	달
поле	들	слънце	해
гора	숲	мъгла	구름
река	강	вятър	바람
море	바다	дъжд	비
езеро	호수	сняг	눈
ручей	개울	градушка	우박
остров	섬	ледена висулка	고드름

■ 자연재해 природни бедствия

тайфун	태풍	суша	가뭄
виелица	눈보라	земетресение	지진
цунами	해일	наводнение	홍수, 범람

기초 단어

■ 방향 посока

изток	동 (형용사 източен-на-но-ни)	юг	남 (형용사 южен-на-но-ни)
запад	서 (형용사 западен-на-но-ни)	север	북 (형용사 северен-на-но-ни)

■ 음식 храна

ястие	요리	агнешко месо	양고기
предястие	식전요리	хляб	빵
салата	샐러드	орис	쌀, 밥
супа	수프	десерт	디저트
основно ястие	메인요리	шоколад	초콜릿
свинско месо	돼지고기	бонбон	사탕
телешко месо	소(송아지)고기	сладолед	아이스크림
говеждо	소고기	торта	케이크
пилешко месо	닭고기	палачинка	팬케이크

■ 조미료 подправка

захар	설탕	масло	버터
сол	소금	брашно	밀가루
сусам	참깨	мед	꿀
соев сос	간장	оцет	식초
зехтин	올리브오일	пипер	후추

■ 음료 напитка

вода	물	уиски	위스키
газирана вода	탄산수	ракия	라 끼야
мляко	우유	чай	차
кисело мляко	요구르트	зелен чай	녹차

сок	음료수	червен чай	홍차
бира	맥주	билков чай	허브차
вино	와인	кафе	커피

■ 동물 животно

лъв	사자	вълк	늑대
тигър	호랑이	лисица	여우
мечка	곰	маймуна	원숭이
куче	개	заек	토끼
котка	고양이	овце	양
катерица	다람쥐	коза	염소
хипопотам	하마	кон	말
крокодил	악어	крава	소
мишка	쥐	слон	코끼리
свиня	돼지	жирафа	기린

■ 어류 риба

риба тон	참치	акула	상어
скумрия	고등어	кит	고래
змийорка	갈치	мида	조개
сьомга	연어	медуза	해파리
пъстърва	송어	морски охлюв	고동

■ 조류 птица

врабче	참새	пегел	수탉
гълъб	비둘기	кокошка	닭
врана	까마귀	орел	독수리

기초 단어

славей	꾀꼬리	щъркел	황새
папагал	앵무새	ластовица	제비

■ 식물 растение

дърво	나무	слънчоглед	해바라기
храст	수풀	хортензия	수국
трева	풀	лилия	백합
цвете	꽃	божур	모란
роза	장미	лале	튤립

■ 과일 плодове

ябълка	사과	портокал	오렌지
круша	배	лимон	레몬
киви	키위	лайм	라임
слива	자두	праскова	복숭아
пъпеш	멜론	нектарина	천도복숭아
диня	수박	нар	석류
череша	체리	грозде	포도
ананас	파인애플	ягода	딸기
мандарина	귤	боровинка	블루베리

■ 야채 зеленчуци

домат	토마토	морков	당근
краставица	오이	магданоз	파슬리
патладжан	가지	репичка	무
зеле	양배추	целина	셀러리
спанак	시금치	чушка	고추
маруля	상추	пипер	피망

картоф	감자	тиква	호박
броколи	브로콜리	сладки картофи	고구마
лук	양파	царевица	옥수수
зелен лук	파	фасул	콩
чесън	마늘	грах	완두콩

■ 숫자(기수) бройни числителни имена

0	нула	30	тридесет
1	един-една-едно-едни	40	четиридесет
2	два-две	50	петдесет
3	три	60	шестдесет
4	четири	70	седемдесет
5	пет	80	осемдесет
6	шест	90	деветдесет
7	седем	100	сто
8	осем	200	двеста
9	девет	300	триста
10	десет	400	четиристотин
11	единадесет	500	петстотин
12	дванадесет	600	шестстотин
13	тринадесет	700	седемстотин
14	четиринадесет	800	осемстотин
15	петнадесет	900	деветстотин
16	шестнадесет	1,000	хиляда
17	седемнадесет	10,000	десет хиляди
18	осемнадесет	100,000	сто хиляди
19	деветнадесет	1,000,000	един милион
20	двадесет	10,000,000	десет милиона
21	двадесет и едно	100,000,000	сто милиона

■ 숫자(서수) редни числителни имена

첫 번째의	първи-първа-първо-първи
두 번째의	втори-втора-второ-втори
세 번째의	трети-трета-трето-трети
네 번째의	четвърти-четвърта-четвърто-четвърти
다섯 번째의	пети-пета-пето-пети
여섯 번째의	шести-шеста-шесто-шести
일곱 번째의	седми-седма-седмо-седми
여덟 번째의	осми-осма-осмо-осми
아홉 번째의	девети-девета-девето-девети
열 번째의	десети-десета-десето-десети
백 번째의	стотен-стотна-стотно-стотни
천 번째의	хиляден-хилядна-хилядно-хилядни
백만 번째의	милионен-милионна-милионно-милионни

■ 월 месец

1월	януари	7월	юли
2월	февруари	8월	август
3월	март	9월	септември
4월	април	10월	октомври
5월	май	11월	ноември
6월	юни	12월	декември

■ 요일 ден

понеделник	월요일	петък	금요일
вторник	화요일	събота	토요일
сряда	수요일	неделя	일요일
четвъртък	목요일		

■ 계절 сезон

пролет	봄	есен	가을
лято	여름	зима	겨울

■ 색깔 цвят

빨간색의	червен-червена-червено-червени
주황색의	оранжев-оранжева-оранжево-оранжеви
노란색의	жълт-жълта-жълто-жълти
초록색의	зелен-зелена-зелено-зелени
파란색의	син-синя-синьо-сини
보라색의	виолетов-виолетова-виолетово-виолетови
은색의	сребърен-сребърна-сребърно-сребърни
금색의	златен-златна-златно-златни
검은색의	черен-черна-черно-черни
흰색의	бял-бяла-бяло-бели

■ 스포츠 спорт

алпинизъм	등산	голф	골프
бадминтон	배드민턴	плуване	수영
баскетбол	농구	ски	스키
бейзбол	야구	стрелба с лък	양궁
борба	레슬링	тенис	테니스
вдигане на тежести	역도	тенис на маса	탁구
волейбол	배구	футбол	축구
художествена гимнастика	리듬체조	хокей	하키

기초 단어

■ 전자제품 домакински електроуреди

хладилник	냉장고	аудио	오디오
пералня	세탁기	автомат за вода	정수기
климат	에어컨	вентилатор	선풍기
прахосмукачка	청소기	сешоар	드라이기
телефон	핸드폰	бойлер	보일러
кафемашина	커피머신	електрическа кана	전기 포트
преси за коса	매직기, 고데기	ютия	다리미
телевизор	텔레비전	самобръсначка	전동면도기
дистанционно управление	리모컨	зарядно	충전기

■ 부엌용품 прибори и съдове

лъжица	숟가락	поднос	쟁반
клечки за хранене	젓가락	черпак	국자
вилица	포크	щипка	집게
нож	나이프	тенджера	냄비
ножица	가위	тиган	프라이팬
чиния	접시	салфетка	냅킨
чаша	컵	отварачка	오프너(병따개)

■ 단위 мярка

сантиметър	센티미터	килограм	킬로그램
метър	미터	една бутилка	한 병
километър	킬로미터	една чаша	한 잔
милилитър	밀리리터	едно парче	한 조각
литър	리터	една кутия	한 박스
грам	그램	един пакет	한 봉지

■ 가족 семейство

прародител	조부모님	братовчедка	사촌(여자)
дядо	할아버지	племенник	조카(남자)
баба	할머니	племенница	조카(여자)
родител	부모님	зет	사위
баща	아버지	снаха	며느리
майка	어머니	чичо	삼촌
син	아들	леля	고모, 이모
дъщеря	딸	вуйчо	외삼촌
брат	형, 오빠, 남동생	тъст	장인어른
сестра	누나, 언니, 여동생	тъща	장모님
внук	손자	свекър	시아버지
внучка	손녀	свъкърва	시어머니
роднина	친척	зълва	시누이
братовчед	사촌(남자)	бебе	아기

■ 의류 дрехи

памук	면 (형용사 памучен–памучна–памучно–памучни)		
кожа	가죽 (형용사 кожен–кожна–кожно–кожни)		
коприна	실크 (형용사 копринен–копринспа–копринено–копринени)		
вълна	털, 양모 (형용사 вълнен–вълнена–вълнено–вълнени)		
анцуг	운동복	рокля	원피스
бельо	언더웨어	пола	스커트
бански костюм	수영복	пуловер	스웨터
блуза	블라우스	колан	벨트
риза	셔츠	ръкавици	장갑
тениска	티셔츠	чорапи	양말
костюм	정장	чорапогащник	스타킹, 레깅스
дъждобран	우비	шал	스카프

기초 단어

панталон	바지	шапка	모자
дънки, джинси	청바지	бейзболна шапка	야구 모자

■ 신발 обувки

сандали	샌들	маратонки	운동화
джапанки	쪼리, 슬리퍼	ботуши	부츠

■ 병, 통증 болест, възпаление

настинка	감기	травма	트라우마
грип	독감	изгаряне	화상
висока температура	고열	слънчев удар	열사병
кашлица	기침	прилошаване при пътуване	멀미
кихане	재채기	морска болест	뱃멀미
хълцане	딸꾹질	възпаление	염증
главоболие	두통	артрит	관절염
зъбобол	치통	ангина	편도염
разстройство	소화불량	пневмония	폐렴
хъркане	코골이	фрактура	골절
алергия	알레르기	диабет	당뇨병
безсъние	불면증	рак	암
диария	설사	мехлем	연고
анемия	빈혈	лекарство	약
навяхване	삠(염좌)	витамин	비타민
контузия	멍	антибиотик	항생제
рана	상처	приспивателно средство	수면제
болка	고통	болкоуспокояващо лекарство	진통제

■ 신체(외부) части на тялото

глава	머리	брада	턱수염
око-очи	눈	мустак	콧수염
вежда	눈썹	врат	목
мигла	속눈썹	рамо-рамене	어깨
нос	코	ръка	손
ноздра	콧구멍	китка	손목
уста	입	пръст	손가락
устна	입술	нокът-нокти	손톱
зъб	치아	ходило	발
език	혀	глезен	발목
буза	볼	корем	배
челюст	턱	таз	골반
чело	이마	лакът-лакти	팔꿈치
слепоочие	관자놀이	кожа	피부
трапчинка	보조개	коляно-колене	무릎

■ 신체(내부) орган

мозък	뇌	бели дробове	폐
гръбнак	척추	бъбрек	콩팥
мускул	근육	стомах	위
кост	뼈	черво	장
плът	살	кръвоносен съд	혈관
става	관절	кръв	피
сърце	심장	артрия	동맥
черен дроб	간	вена	정맥

기초 단어

■ 장소 място

болница	병원	фризьорски салон	미용실
аптека	약국	супермаркет	슈퍼마켓
училище	학교	пазар	시장
университет	대학교	книжарница	서점
бензиностанция	주유소	хлебарница	빵집
поща	우체국	месарница	정육점
полицейско управление	경찰서	кино	영화관
универсален магазин	백화점	театър	극장
мол	쇼핑몰	музей	박물관
магазин	상점	библиотека	도서관
химическо чистене	세탁소	фитнес	헬스장

■ 교통수단 превозно средство

автобус	버스	трамвай	트램 버스
автомобил	자동차	тролейбус	트롤리버스
влак	기차	колесница	마차
кораб	배	светофар	신호등
лодка	보트	тротоар	인도
мотоциклет	오토바이	кръстопът	교차로
велосипед	자전거	платно	차도, 도로
самолет	비행기	магистрала	고속도로
вертолет	헬리콥터	железница	철도